Wolfgang Eberts

Bambus
in Haus und Garten

So gedeiht er am besten

Experten-Rat für Pflanzung, Pflege, Vermehrung und Überwinterung

Mit Farbfotos bekannter Pflanzenfotografen
Zeichnungen: Ushie Dorner

VORWORT INHALT

Bambus ist eine Pflanze mit großer Zukunft. Der Kreis der Liebhaber, die sich für den Exoten aus Fernost interessieren, wächst so rasant, wie seine Halme im Frühjahr in den Himmel schießen.
Dieser durchgehend farbige GU Pflanzen-Ratgeber führt Sie in die Wunderwelt der immergrünen Riesengräser, die als Zierpflanzen im Garten und Haus ganz neue Akzente setzen. Es ist ein Buch, das gärtnerisch Ungeübten die Pflanze und ihre Pflegebedürfnisse leicht verständlich beschreibt und auch erfahrenen Bambusliebhabern wertvolle Informationen liefert. Farbige Schritt-für-Schritt-Zeichnungen zur Botanik sowie zum Pflanzen und Vermehren machen auch Sie ganz schnell zum Bambuskenner.
Der Autor, Besitzer der größten Bambusgärtnerei Deutschlands, zeigt, wie man die exotischen Gräser erfolgreich bei uns zieht – im Garten, auf Terrasse, Balkon und im Haus. Er hat den dekorativen, pflegeleichten und heiter wirkenden Bambus vor etwa 10 Jahren als Zierpflanze bei uns wieder populär gemacht.
In seinem Bambus-Centrum in Baden-Baden kultiviert er inzwischen rund 40 verschiedene Arten und Sorten. Seine gesammelten Erfahrungen finden Sie hier: In Form von Empfehlungen zum Kauf, Arten- und Sortenbeschreibungen, Pflanz- und Pflegehinweisen sowie Gestaltungsvorschlägen.
Lassen Sie sich überraschen, welche Möglichkeiten diese elegante Pflanze bietet!
Viel Freude mit Bambus wünschen Ihnen der Autor und die GU Naturbuch-Redaktion.

4 Wissenswertes über Bambus
Bambus, das Gras der Superlative
- 4 Wo der Bambus zu Hause ist
- 4 Woher der Name Bambus kommt
- 6 Bambus: Botanik
- 6 Wurzeln und Rhizome
- 6 Der Bambushalm
- 7 Die Bambusblätter
- 7 Der Bambussproß
- 7 Die Bambusblüte
- 8 Die faszinierenden Wuchsprogramme des Bambus
- 8 Wuchshöhe und -tempo
- 8 Immergrüne Blätter
- 8 Die Bambuszweige
- 8 Das Rätsel der Bambusblüte
- 9 Bambusblätter im Vergleich
- 10 Halme – die Visitenkarte vieler Bambusarten

Phyllostachys pubescens.

12 Bambus in Geschichte und Kultur
In jedem Bambushain verbirgt sich ein ganzes Orchester
- 12 Bambusgeschichte
- 12 Bambus in Kunst und Religion
- 12 Bambus als Heilmittel
- 12 Mit Bambus bauen
- 13 Berühmte Dinge aus Bambus
- 14 Bambusköstlichkeiten für den Gaumen
- 14 Bambussprossen à la carte
- 14 Ökologische und wirtschaftliche Bedeutung
- 15 Bambusfreunde in aller Welt
- 15 Ein Bambuspark in Europa

16 Kaufen, Pflanzen, Pflegen und Vermehren
Wo ein Kirschbaum wächst, gedeiht auch Bambus
- 16 Überlegungen vor dem Kauf
- 16 Wuchseigenschaften, Standort- und Pflegebedingungen
- 16 Die Frosthärte
- 16 Die Wuchsleistung
- 16 Wo Sie Bambus bekommen
- 16 Worauf Sie beim Kauf achten müssen
- 16 Der Transport der Pflanzen
- 18 Die beste Pflanzzeit
- 18 Der ideale Standort
- 18 Gute Standorte
- 18 Gute Bambusregionen
- 18 Weniger geeignete Standorte
- 18 Wie der Boden beschaffen sein muß
- 18 Wie man den Boden verbessern kann
- 19 Gießen
- 19 Richtig düngen
- 20 Bambus: Praxis
- 20 Einpflanzen
- 21 Die häufigsten Vermehrungsmethoden
- 21 Vermehrung durch Rhizomteilung
- 21 Vermehrung durch Horstteilung
- 22 Bambus in Gefäße pflanzen
- 22 Umpflanzen
- 23 Der richtige Schnitt
- 23 Auslichten
- 23 Rückschnitt
- 23 Erholungsschnitt
- 23 Winterschutz
- 23 Bambus vermehren
- 23 Schädlinge und Krankheiten
- 23 Winterschäden

Bambushalme – eine erstaunliche Vielzahl von Strukturen und Farben.

33 *Chimonobambusa*
33 *Chusquea*
34 *Fargesia (Sinarundinaria)*
35 *Hibanobambusa*
35 *Otatea*
36 *Phyllostachys*
38 *Pleioblastus*
39 *Pseudosasa*
39 *Sasaella*
40 *Sasa*
42 *Semiarundinaria*
42 *Shibataea*
43 *Thamnocalamus*

44 **Adressen, Bezugsquellen, Literatur**

46 **Arten- und Sachregister**

24 **Gestalten mit Bambus**
Ein Hauch Fernost in Haus und Garten
24 Gestaltungstips für Bambusse
24 Bambus im Garten
26 Bambus im Haus
26 Bambus für den Wintergarten
27 Bambus auf der Terrasse
27 Bambus auf dem Balkon und Dachgarten
27 Bambus in Hydrokultur
27 Bambus als Bonsai
27 Bambusse fürs Zimmer
27 Bambusse für den Wintergarten
27 Bambusse für Terrasse, Balkon und Dachgarten
27 Bambusse für die Bonsaigestaltung
28 Bambus – grüne Oase auf dem Balkon

30 **Die schönsten Bambusse für Haus und Garten**
Immer grün, elegant und vielseitig
30 Der Bambus, mit dem Sie nichts falschmachen können
30 Erläuterung der Stichwörter
31 *Arundinaria*
31 *Bambusa*

Der Autor
Wolfgang Eberts ist international anerkannter Bambus-Experte und Besitzer der größten Bambusgärtnerei Deutschlands.

Autor und Verlag danken allen, die an diesem Buch mitgewirkt haben, insbesondere Dieter Ohrnberger für die fachliche Beratung, Jürgen Stork und den anderen Pflanzenfotografen für ihre außergewöhnlich schönen Fotos sowie der Zeichnerin Ushie Dorner für ihre informativen Zeichnungen.

Wichtig: Damit die Freude an Ihrem Hobby ungetrübt bleibt, beachten Sie bitte die »wichtigen Hinweise« auf Seite 47.

Die Fotos auf dem Umschlag:
Umschlagvorderseite: *Phyllostachys aureosulcata* 'Spectabilis'.
Umschlagseite 2: *Sasa veitchii*.
Umschlagseite 3: *Fargesia murielae* (*Sinarundinaria murielae*).
Umschlagrückseite: *Phyllostachys aurea* 'Albovariegata' und *Phyllostachys nigra*.

Er lebt vom Bambus – Pandabär.

Wissenswertes über Bambus

Bambus, das Gras der Superlative

Halme, die in 24 Stunden einen Meter zulegen und in wenigen Monaten 40 Meter in den Himmel wachsen, stark wie ein Baum und dabei so biegsam wie eine Gerte. Blüten, die nur alle 10 bis 120 Jahre erscheinen, und Blätter, zart wie Pinselstriche – das ist Bambus.

Bambus gehört weder zu den Bäumen noch zu den Sträuchern, sondern zu den Gräsern. Er ist also eng verwandt mit jenen Pflanzen, aus denen unser grüner Rasenteppich besteht, und mit allen Getreidearten. Die Botaniker nennen die Familie der Gräser *Gramineae* und haben für die eigenwilligen Mitglieder des Bambusclans eine Untergruppe geschaffen, die *Bambusoideae* heißt. Besondere Merkmale der Bambusgräser sind verholzende, über mehrere Jahre lebende Halme, an deren Zweigen gestielte Blätter sitzen. Es gibt aber auch Arten, deren Halme nicht verholzen, und zwar in den Tropen. Nach neuestem Wissensstand soll es etwa 100 Gattungen und weit mehr als 1000 Arten geben.

Wo der Bambus zu Hause ist

Die Heimat der Riesengräser ist China. Von dort sind sie schon vor Jahrtausenden nach Japan gekommen. Heute findet man die meisten Bambusarten in Asien – also in China, Japan, Korea, auf den Philippinen, in Indonesien und auf dem indischen Subkontinent. Einige sind in Zentral- und Südamerika beheimatet, zwischen Mexiko und Feuerland. Auch in Afrika und Australien gibt es Bambus. In Europa ist der Bambus nicht heimisch. Versteinerungen aus dem Tertiär bezeugen aber, daß er vor den großen Eiszeiten auch bei uns gedieh. Alle Bambusarten, die heute in Europa wachsen, wurden eingeführt, die ersten vermutlich vor mehr als 200 Jahren. 1878 kam bereits in Frankreich ein Buch über Bambus heraus. Die Autoren, Auguste und Charles Rivière, beschreiben darin Anbau und typisches Wachstum von Bambus. 1906 gründete der belgische Botaniker Houzeau de Lehaie eine Zeitschrift mit dem Titel »Le Bambou«. 1913 erschien noch einmal eine bedeutende Monographie. Danach wurde es ruhig um Bambus. Die meisten der bei uns gepflanzten Bambusse stammen ursprünglich aus Zentralchina oder aus Japan. Besonders aus China gelangten in den vergangenen Jahren immer mehr Bambusarten zu uns.
Die Verbreitungsgebiete des Bambus liegen hauptsächlich in einem breiten Gürtel zwischen dem 40. Breitengrad südlich und dem 40. Breitengrad nördlich des Äquators, also in tropischen und subtropischen Gebieten. Die meisten wachsen zwischen dem 18. und 35. Grad nördlicher Breite sowie zwischen dem 85. und 122. Grad östlicher Länge. Doch eine beträchtliche Zahl kommt in warm- und in kühltemperierten Gebieten vor und gedeiht noch in Wäldern bis 3000 Meter Höhe. In Südchile findet man die Art *Chusquea culeou* bis 47 Grad südlicher Breite, einige *Sasa*-Arten wachsen nördlich des 45. Breitengrades auf den Kurileninseln und der Halbinsel Sachalin.
In Amerika ist zum Beispiel *Arundinaria gigantea* zuhause. Sie wächst in den Südstaaten und Südweststaaten der USA am Rande von Wasserläufen und sogar in sumpfigem Gelände, was für Bambus sehr ungewöhnlich ist.

Woher der Name Bambus kommt

Das Wort ist malaiischen Ursprungs. Es soll entstanden sein, als die eingeborenen Begleiter Marco Polos auf den Philippinen ein Lagerfeuer errichteten und in der Nacht immer wieder Bambushalme nachlegten, um wilde Tiere und böse Geister fernzuhalten. Beim Verbrennen dehnte sich die Luft in den Zwischenräumen dieser Halme aus, und es ertönte ein ohrenbetäubender Knall: Bäm buh! Und genauso klingt noch heute das englische Wort für Bambus: Bamboo.

*Tropische Pracht.
Bambus und Rotstielpalmen im Botanischen Garten von Singapore.*

BAMBUS BOTANIK

Wurzeln und Rhizome
Bambus besitzt neben Wurzeln zusätzlich unterirdische Triebe, die Rhizome. Je nach deren Wuchsprogramm lassen sich Bambusarten in zwei Gruppen unterteilen:
<u>Horstartig wachsende Bambusse</u>
(→ Zeichnung, unten links)
Sie haben dicke, stämmige Rhizome, deshalb nennt sie der Fachmann pachymorph (*pachys* = dick, *morphe* = Gestalt). Sie sind meist dicker als der Halm, der aus ihnen hervorgeht. Die neuen Rhizome sitzen dicht neben den alten, das Rhizomgeflecht kann tief in die Erde reichen.
Oberirdisch entwickeln sich diese Bambusse sehr rasch zu einem dichten, großen Busch. Zu ihnen zählen die meisten tropischen Bambusarten, die im Haus oder im Wintergarten gehalten werden müssen. Zum Beispiel *Bambusa glaucescens* und Varietäten sowie *Bambusa vulgaris* 'Striata'. Daneben die weitverbreiteten, auch im Freien verwendbaren Arten *Fargesia (Sinarundinaria) murielae* und *Fargesia (Sinarundinaria) nitida*.
<u>Ausläufertreibende Bambusse</u>
(→ Zeichnung, unten rechts)
Sie bilden Rhizome, die nicht in die Tiefe, sondern horizontal (von der Pflanze weg) wachsen. Sie sind lang, schmal und werden deshalb leptomorph (*leptos* = schlank, *morphe* = Gestalt) genannt. Aus ihnen sprießt mit den Jahren ein kleiner Bambushain.
Die meisten für den Garten geeigneten Arten sind ausläuferbildend, zum Beispiel *Phyllostachys* und Arten von *Semiarundinaria, Sasa* sowie von *Pleioblastus*.
<u>Die Bedeutung der Rhizome.</u> Sobald Halme und Zweige ausgewachsen sind, wird der Bambus unter der Erde aktiv. Die Rhizome wachsen und verzweigen sich und schicken mit ungeheurer Vitalität Triebe nach oben – die Halme. Sie sind außerdem die Vorratskammern der Pflanze. Wenn der oberirdische Trieb abgeschlossen ist (das ist meist im August der Fall), werden gelöste Nährstoffe eingelagert und über die Wintermonate gespeichert, bis sie der Bambus für neues Wachstum im Frühjahr wieder abruft.

Der Bambushalm
(→ Zeichnungen, Seite 7 und Fotos, Seite 10/11)
An den Halmen unterscheiden die Botaniker die verschiedenen Arten. Es gibt zentimeterkurze, viele Meter lange, baumdicke, rutendünne, grüne, gelbe, braune, schwarze, rötlich überhauchte Halme, mal mit, mal ohne Flecken oder Streifen. Der Bambushalm – bei entsprechender Dicke besser: das Bambusrohr – ist, von wenigen Ausnahmen abgesehen, hohl und wird durch Knoten (Nodien) versteift. Die jeweiligen Abstände zwischen den Knoten heißen Internodien. Solange sie noch zusammengelegt im wachsenden Halm stecken, sind sie jung, weich und werden durch Halmscheiden geschützt, die sich beim Vertrocknen schön verfärben können. Bei manchen Arten gibt es entlang des Internodiums eine senkrechte Rinne oder Abflachung (*Sulcus*), die andersfarbig sein kann.
Die meisten Arten besitzen hohle Halme. Ausgefüllte Halme finden sich bei den amerikanischen *Chusquea*-Arten. Die Wandstärke der Halme ist von Art zu Art unterschiedlich. Bambushalme werden

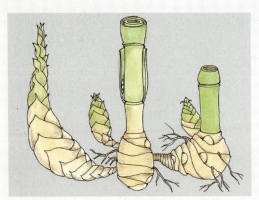

<u>Horstig wachsender Bambus</u> mit kurzen, dicken Rhizomen entwickelt sich in kurzer Zeit zu einem dichten Busch.

<u>Ausläuferbildender Bambus</u> mit langen, dünnen Rhizomen bildet mit den Jahren einen kleinen Bambushain.

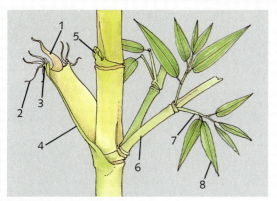 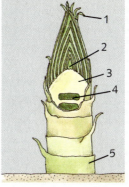 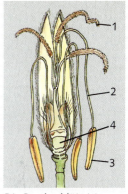

<u>Merkmale eines Bambushalms.</u>
1 Halmspreite, 2 Wimpern, 3 Öhrchen, 4 Halmscheide, 5 Zweigknospe, 6 Zweig, 7 Blattstiel, 8 Blatt.

<u>Der Bambussproß</u> sieht aus wie ein Teleskop und wächst im Eiltempo.

<u>Die Bambusblüte</u> ist unscheinbar und ähnelt den Blüten unserer Gräser.

zwar wie Holz genutzt, ihre 3 bis 4 cm langen Fasern bestehen aber nur zu einem geringen Teil aus dem Holzstoff Lignin. Der Hauptanteil ist Kieselsäure (Silizium). Sie gibt dem Halm Festigkeit und Dauerhaftigkeit.

Die Bambusblätter
(→ Foto, Seite 9)
Sie sind in der Regel länglich-lanzettlich, unten abgerundet, oben spitz. Länge, Breite und Farbe wechseln von Art zu Art. Es gibt auch grünweiß oder grün-gelb gestreifte Varianten.
Das Bambusblatt besitzt eine Blattspreite mit Stiel. Diesen Stiel haben viele andere Gräser nicht. Damit kann sich das Blatt bei ungünstigen Witterungsverhältnissen drehen oder sich seitlich einrollen, was besonders für Pflanzen wichtig ist, die das ganze Jahr über grün sind. Außerdem ist das Blatt mit Längs- und Queradern ausgestattet. Je dicker die Queradern sind, desto mehr Kälte halten die Blätter aus. Bambuslaub entwickelt sich ständig, im Frühjahr aber am üppigsten.

Der Bambussproß
(→ Zeichnung, oben Mitte)
Er kommt bereits in seiner endgültigen Stärke aus der Erde, schiebt sich dann wie ein Teleskop auseinander und enthält schon den gesamten Bausatz für den Riesenhalm. Auf der Zeichnung sind dargestellt:
1 Spreite.
2 Wachstumspunkt.
3 Teilungsgewebe.
4 Anlage für die Halmsegmente (unentwickelte Internodien).
5 Scheide.

Die Bambusblüte
(→ Zeichnung, oben rechts und Foto, Seite 4)
Sie erscheint nur selten und sieht unscheinbar aus. Auf der Zeichnung oben sind dargestellt:
1 Narbe, weiblicher Blütenteil. Sie ist – wie bei Windblütlern üblich – federartig.
2 Staubfaden und
3 Staubbeutel, die männlichen Blütenteile.
4 Fruchtknoten. Aus ihm entwickelt sich nach erfolgreicher Befruchtung der Samen.

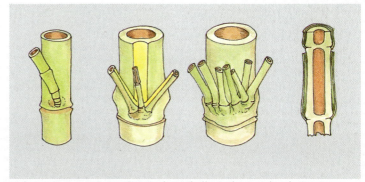

<u>Halme</u> mit einem Zweig (Sasa), drei (Phyllostachys) und mehr Zweigen (Fargesia, Arundinaria). Ganz rechts: Schnitt durch einen Halm: Internodium mit Nodien (Knoten) und schützenden Halmscheiden (dunkelgrün).

Die faszinierenden Wuchsprogramme des Bambus

Sie sind erstaunlich vielfältig. Bambus kann sich wie ein Baum oder Strauch präsentieren oder wie ein niedriges Kraut. Er kann klettern, hängen oder Bäume besiedeln, wie manche tropische Arten, und in atemberaubendem Tempo wachsen.

Wuchshöhe und -tempo. Ein Beispiel: *Phyllostachys pubescens*, eine in China beheimatete Art, kommt ofenrohrdick aus dem Boden. Im ersten Monat wächst sie auf etwa 2 m Höhe, wobei der Halm zunächst teleskopartig gestaucht ist. Im folgenden Monat streckt sich das »Ofenrohr« wie eine ausziehbare Autoantenne auf 20 m Länge und mehr! Der Umfang des Halmes liegt dabei von vornherein fest, meist beträgt er 35 bis 50 cm. Der Schaft steht kerzengerade, wiegt sich leicht im Wind und kippt nicht um. Ein statisches Wunder! Sobald der nackte Halm seine Höhe erreicht hat (bei manchen Arten geschieht dies auch, während der Halm wächst, → Seite 6), breitet er seine Zweige aus und entwickelt Blätter.
Ein Bambushalm wächst wie alle Gräser innerhalb von nur wenigen Monaten zu voller Lebensgröße heran – je nach Art nur eine Handbreit oder 40 m hoch. Die Halme werden in der Regel 10 Jahre alt. Jahr für Jahr nimmt die Zahl der Zweige und der Blätter zu.

Immergrüne Blätter

Die Blätter produzieren per Photosynthese Nährstoffe. Diese werden in das unterirdische Rhizomgeflecht transportiert, von wo aus sie anderen Halmen die Kraft zu gleicher Wuchsleistung geben. Sie sind immergrün und bleiben es auch bei uns, wenn die Winter nicht zu kalt sind. Das macht Bambus zu einer besonders reizvollen Gartenpflanze.

Die Bambuszweige

Sie bilden sich bei manchen Arten, während der Halm wächst, zum Beispiel bei *Phyllostachys* und *Semiarundinaria*, bei anderen entstehen sie erst, wenn der Halm seine volle Länge erreicht hat. Manche Arten bilden einen Zweig pro Knoten aus, andere 2, eine dritte Gruppe 3 bis 6. Bei *Fargesia* sieht man viele dünne Zweige, bei vielen *Chusquea*-Arten einen regelrechten Zweigkranz. An den Zweigen sitzen die Blätter und die Knospen für die neuen Verzweigungen des nächsten Jahres.

Das Rätsel der Bambusblüte

Die Bambusblüte gibt den Botanikern heute noch Rätsel auf. Man weiß nicht, wodurch das Blühen ausgelöst wird, und warum bestimmte Arten plötzlich an ganz verschiedenen Orten der Welt nach 10, 20, 80 oder erst nach mehr als 100 Jahren blühen.
Da die moderne Pflanzenbestimmung und -einordnung (Taxonomie) nach Linné sich an den Blütenmerkmalen orientiert, ist beim Bambus eine besondere Schwierigkeit durch die launische Blütezeit gegeben. Der bekannte amerikanische Bambusexperte David Farrelly schreibt, daß vergleichende Beobachtungen in Japan zu keinen befriedigenden Ergebnissen geführt haben. Die Blüte wird demnach weder vom Alter noch von der Größe des Wurzelwerks oder der Dicke des Stammes beeinflußt. Auch spielen Standortbedingungen, Bodenverhältnisse, Klima oder lokale Besonderheiten überhaupt keine Rolle. In Indien dagegen stellten die Botaniker fest, daß gewisse physiologische Veränderungen wie Schnitt oder Verletzungen und langdauernde Hitzeperioden ein gewisses Stimulans zum Blühen sind. Zahlreiche andere Beobachtungen sprechen aber dagegen. Vielleicht kommt die Wissenschaft nie hinter das Geheimnis.
Im Gegensatz zu anderen Pflanzen ist die Blüte beim Bambus kein Grund zur Freude. Manche Arten kann diese Leistung derart erschöpfen, daß sie danach absterben. Pandabären, die sich hauptsächlich von Bambus ernähren, können dadurch vom Hungertod, sogar vom Aussterben bedroht sein. Bei uns konnte man das Blüh-Phänomen in jüngster Zeit an *Pseudosasa japonica* beobachten, als alle gepflanzten Exemplare auf einmal blühten und viele abstarben. Wie bei unseren Gras- und Getreidearten ist die Bambusblüte unscheinbar (→ Foto, Seite 4). Sie bildet Ähren und nach der Windbestäubung haferkornähnliche Samen, deren Keimfähigkeit leider nur sehr kurz ist.

Die Samen

Das Aussehen der Samen ist ziemlich einheitlich. Ausnahme: *Melocanna baccifera*. Die stattliche Bambusart aus Bengal und Burma bildet riesige avocadoähnliche Samen, die schon zu keimen beginnen, wenn sie noch an den Zweigen hängen. Die Samen der übrigen Arten fallen auf den Boden und verteilen sich rund um den Wurzelbereich. Dort bleiben sie liegen, bis günstige Keimungsverhältnisse für sie kommen. Die Sämlinge werden je nach Art bis zu 30 cm hoch. Eine Ausnahme bildet auch hier wieder *Melocanna baccifera*. In Puerto Rico hat man Exemplare gesehen, die 2 m hoch gewesen sein sollen.

Blätter-Varianten: Unterschiedliche Formen, verschiedene Grüntöne und aparte Maserungen in Gelb.

Bambusblätter im Vergleich

Erst der Vergleich macht die Unterschiede von Bambusblättern so richtig deutlich. Optisch besonders reizvoll sind panaschierte Blätter, deren weiße Streifen chlorophyllfrei sind. Gestreifte Bambusse sollten darum eher heller stehen als solche mit einfarbig grünem Laub. Der Grund: Weniger Blattgrün (Chlorophyll) bedeutet automatisch weniger Assimilationsflächen für die Pflanze. Die Blätter auf dem Foto gehören zu folgenden Arten oder Sorten:

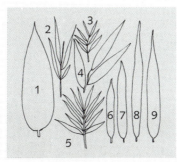

1 *Sasa palmata*
2 *Chusquea quila*
3 *Sasa pygmaea*
4 *Sasa veitchii*
5 *Pleioblastus distichus*
6 *Pleioblastus variegatus*
7 *Pleioblastus auricoma*
8 *Hibanobambusa tranquillans* 'Shiroshima'
9 *Sasa masamuneana* 'Albostriata'

Halme – die Visitenkarte vieler Bambusarten

Dieses Tableau zeigt, wie verschieden Halme gefärbt, geformt, gemustert oder strukturiert sein können. *Bambusa ventricosa* zum Beispiel entwickelt, wenn man sie stutzt, knubbelige Halme, die aussehen wie der auf vielen Bildern dargestellte Bauch Buddhas. Einem Ringelwurm gleichen die kurzen Halmabschnitte von *Bambusa vulgaris* 'Wamin'. Als schönster Bambus gilt *Phyllostachys bambusoides* 'Castilloni' mit ihren hohen goldgrünen Halmen, die sich überall eindrucksvoll hervorheben. Leider ist sie bei uns noch eine Rarität, da sie in den sechziger Jahren geblüht hat und sich noch nicht ausgiebig regenerieren konnte. Dafür ist *Phyllostachys nigra* 'Boryana' mit ihren gefleckten olivgrünen Halmen zu bekommen und eine Bereicherung für jeden Garten. Leicht zu erkennen, auch von Laien, ist der Schildkröten-Bambus, *Phyllostachys heterocycla f. heterocycla* 'Kikko'. Mit ihren schwarzen Halmen verblüfft *Phyllostachys nigra*. Sie sind im Austrieb meergrün, in den ersten beiden Jahren braun getupft und gehen schließlich in eine braunrote bis schwarze Farbe über. Bei einigen Arten sind auch die Halmscheiden hübsch gefärbt und bleiben als Kontrast zu den grünen Halmen oft lange hängen. *Chimonobambusa* schließlich bildet keine runden, sondern fast quadratisch geformte Halme.

Bambusa ventricosa, der »Bauch Buddhas«.

Zweifarbiger Halm.

Phyllostachys aurea.

Phyllostachys-Neutrieb.

Schön im Kübel: Bambusa vulgaris 'Wamin'.

Phyllostachys nigra 'Boryana', exotisch gefleckt.

Helle Halmscheide.   *Phyllostachys nigra.*

Schönster Bambus: Phyllostachys bambusoides 'Castilloni'.   *Außergewöhnliche Halme des Schildkröten-Bambus.*

Bambus in Geschichte und Kultur

In jedem Bambushain verbirgt sich ein ganzes Orchester

Die Chinesen betrachteten den Bambus schon immer als »Freund Chinas«, denn mit allen seinen Teilen dient er den Menschen, und das bereits seit 4000 Jahren. Kein Wunder, daß Bambus auch eine große Rolle in Kunst und Religion spielt.

Bambusgeschichte

Vor 4000 Jahren wurde in einem der sechs Heiligen Bücher berichtet, daß drei kleine Grafschaften im Tal des Yangtse ihre jährlichen Abgaben an den Hof des Kaisers Yu in Form von Bambushalmen zu entrichten hatten, die zur Herstellung von Pfeilen geeignet waren. Im Jahre 450 n. Chr. erschien ein Werk über Kultur- und Anbaumethoden des Bambus, und hundert Jahre später gab es in China ein Handbuch, in dem schon 61 Bambusarten beschrieben wurden.

In China baute man schon vor vielen hundert Jahren weitspannende Brücken ganz aus Bambus. Sogar die Tragseile, 30 cm im Durchmesser, waren aus gespleißtem Bambus, den man kunstvoll geflochten hatte. Der 1500 km lange und mehr als 100 m breite Kanal von Hangzhou nach Peking wurde vor 300 Jahren nur mit Werkzeugen aus Bambus gebaut. Berühmt ist der Spruch des Dichters Pon Son tung: »Auf eine Mahlzeit kann man verzichten, aber ein Haus muß Bambus haben. Fehlt es an Essen und Trinken, werden wir dünn. Doch ohne Bambus verlieren wir die heitere Gelassenheit.«

Weniger ruhmvoll sind die Foltermethoden mit Bambus, bei denen der Delinquent Halmscheidenblätter einer bestimmten *Phyllostachys*-Art zu essen bekam. Die unsichtbaren Härchen wirkten im Magen wie messerscharfe Glassplitter.

Bambus in Kunst und Religion

»Schau! Über den Gestaden des Ki-Flusses welch üppiger, grüner Bambus!« Dieser Vers ist 3000 Jahre alt und stammt aus dem »Buch der Gesänge«. Solche und ähnliche Zeilen gibt es in der chinesischen Lyrik viele. Schon immer befaßten sich Dichter und Maler mit Bambus und priesen ihn. Er wurde in Tempelgärten gepflegt und verehrt.

Mönche schrieben, lange bevor man das Papier kannte, wichtige Ereignisse auf Bambusstreifen, die bis heute erhalten sind. Der Bambus zählt, zusammen mit Chrysantheme, Orchidee und Pflaume, zu den Vier Edlen der Pflanzenwelt. In Japan gehört er neben Kiefer und Pflaume zu den Drei Freunden, wobei der Bambus Buddha symbolisiert, die Pflaume Konfuzius und die Kiefer Laotse.

Zu allen Zeiten inspirierte seine anmutige Gestalt die Maler, denen er auch gleich Pinsel und Papier lieferte. Unzählig sind die verschiedenen Musikinstrumente, die in vielen Ländern aus Bambus hergestellt werden. Der Bambuskenner David Farrelly spricht deshalb in seinem »The Book of Bamboo« davon, daß in jedem Bambushain ein ganzes Orchester versteckt sei.

Bambus als Heilmittel

Bambus spielt auch in der Medizin eine Rolle. In Asien gilt »Tabasheer« (Tabashir), ein Bambuspräparat, als Allheilmittel, beispielsweise gegen Asthma und Erkrankungen der Atemwege; es wird als Gegengift und als Aphrodisiakum geschätzt. Außerdem kann man es zum Putzen von Zinn verwenden. Ursache für diese Wirkung ist wie beim Zinnkraut der hohe Kieselsäuregehalt. Kieselsäure stärkt das Gewebe, vor allem die Lunge, absorbiert Gifte, macht Haut und Haare schöner. Die Chinesen setzen auch einen Tee aus Bambusblättern an, der fiebersenkend wirken soll.

Bis jetzt wurde bei dieser für den Menschen so nützlichen Pflanze noch keine Art entdeckt, die Giftstoffe enthält.

Mit Bambus bauen

Im Bau befindliche Hochhäuser werden in Asien häufig mit Bambus eingerüstet. Sogar die Verbindungen zwischen den einzelnen Stangen sind aus Bambus, der dazu in Streifen gespleißt wird. Bambus hat gegenüber Stahl den großen Vor-

Hausrat, Musikinstrumente, schmucke Gefäße – alles aus Bambus handgefertigt.

teil, daß er bei besserer Stabilität leichter und flexibler ist. Außerdem rostet er im feuchten Tropenklima nicht. Versuche haben gezeigt, daß Bambus bei vertikalen Druckbelastungen besser abschneidet als Stahl. In vielen von Erdbeben heimgesuchten Ländern verwendet man Bambusstangen, um damit Betondecken vor dem Einstürzen zu bewahren. Darüber hinaus werden im tropischen Asien ganze Häuser aus Bambus gebaut. Dazu Wasserleitungen, Zäune, überhaupt nahezu alles, was man im und um das Haus und zum Leben braucht: Möbel, Teppiche, Hausrat wie Eß- und Trinkgeschirr, Bestecke, Leitern, Gefäße, Körbe, Siebe, außerdem Koffer, Stöcke, Kämme, Bürsten, Hüte, Sandalen, Waffen wie Pfeile, Bögen und Schilde, Boote und Schiffe. Die Aufzählung ließe sich noch lange weiterführen.
Auch in Südamerika wird Bambus zum Bauen genutzt. Allerdings genießt er dort nicht die gleiche Wertschätzung wie in Asien, sondern wird eher als »Arme-Leute-Holz« angesehen.

Berühmte Dinge aus Bambus
- Charlie Chaplins Spazierstock.
- Shakuhachi-Flöte aus Japan.
- Valiha, Nationalinstrument Madagaskars.
- Getas, japanische Schlechtwetterschuhe.
- Glühfaden in Thomas Edisons Glühbirne (1882).
- Tabasheer, asiatisches Wundermittel.
- Anklung, westjavanisches Musikinstrument.
- Hatong, Panflöte.

Bambusköstlichkeiten für den Gaumen

(Alle Rezepte sind für 4 Personen berechnet. Frische Bambussprossen abkochen oder Sprossen aus der Dose verwenden.)

Bambussprossensuppe mit Nudeln

Zutaten:
200 g Bambussprossen
1 Frühlingszwiebel
1 frische Chilischote
250 g Fadennudeln
2 TL Salz
1 l Hühnerbrühe
1 Msp. schwarzer Pfeffer
1 EL süße Sojasauce

Zubereitung:
Bambussprossen in Streifen, Frühlingszwiebel in kleine Ringe schneiden. Chilischoten von Kernen befreien und kleinschneiden. Nudeln in 2 l Salzwasser 4–5 Minuten garen. Hühnerbrühe zum Kochen bringen und Bambussprossen, Zwiebelröllchen und Chilischote 2 Minuten darin ziehen lassen. Suppe mit Pfeffer und Sojasauce würzen und Nudeln hineingeben.

Schweinefleisch süß-sauer mit Bambussprossen

Zutaten:
600 g Schweineschnitzel
200 g Bambussprossen
1 kleine Dose Ananas
2–3 EL süße Sojasauce
je 1 gestrichener TL Salz und Pfeffer
5 EL Essig
4 gestrichene EL Zucker
Ananassaft aus der Dose
6 EL Öl
3 EL Speisestärke

Zubereitung:
Schweinefleisch, Bambussprossen und Ananas in mundgerechte Stücke schneiden. Marinade anrühren aus Sojasauce, Essig, Zucker, Ananassaft und 2 EL Öl. Fleischstückchen 10–15 Minuten in Marinade einlegen, dann abtropfen lassen und in Speisestärke wenden. Restliches Öl in der Pfanne erhitzen, Fleisch darin knusprig braun braten, herausnehmen und heiß halten. Marinade in Bratöl einrühren und Bambus- und Ananasstücke 2–3 Minuten darin dünsten. Restliche Speisestärke mit 2 EL Wasser anrühren und Sauce damit binden. Fleisch und Gemüse mischen und sofort servieren.

Geschnetzeltes Rindfleisch mit Bambussprossen

Zutaten:
8 große getrocknete chinesische Pilze
500 g Rumpsteak
4 TL trockener Sherry
8–10 TL Sojasauce
1 Eiweiß
2 EL Speisestärke
8 EL Pflanzenöl
200 g Bambussprossen
1 EL Ingwerpulver
1 TL Salz
Pfeffer
1 Frühlingszwiebel

Zubereitung:
Pilze 20 Minuten in warmem Wasser einweichen, dann vierteln. Fleisch schnetzeln und in Marinade aus Sherry, 4 TL Sojasauce, Eiweiß und Speisestärke geben. Öl in der Pfanne erhitzen, Fleisch darin gut anbraten, dann Bambussprossen (in Scheiben geschnitten) und Ingwerpulver dazugeben und 1 Minute mitbraten. Mit restlicher Sojasauce, Salz und Pfeffer abschmecken und mit gehackter Frühlingszwiebel garnieren.

Bambussprossen à la carte

Leider kennen wir sie als exotische Delikatesse bis jetzt nur aus der Dose, zumeist aus Thailand oder Taiwan eingeführt. In vielen Ländern Asiens wird Bambus auf Plantagen als Gemüse angebaut. Nun hat man in Italien damit begonnen, auf hektargroßen Plantagen die in China und Japan weitverbreitete und köstlich schmeckende *Phyllostachys edulis* anzubauen, um auch Europäern den Gaumenkitzel frischer Bambussprossen zu ermöglichen. Gekocht sind die Sprossen vieler Arten eßbar, aber nicht roh. Bambusse, die in unseren Gärten gedeihen, liefern jedoch keine eßbaren Sprossen.

Ökologische und wirtschaftliche Bedeutung

Die ökologische und ökonomische Bedeutung des Bambus in Ländern mit günstigem Klima wird immer noch unterschätzt. Dabei könnte Bambus helfen, die tropischen Wälder zu retten.

- Bambus wächst schneller als Holz und ist stabiler und haltbarer.
- Bambus erzeugt in der gleichen Zeit fünfmal mehr Biomasse als Holz. In Indien werden heute schon 70% der zur Papierherstellung nötigen Zellulose aus Bambus gewonnen. In Südamerika liefern große Plantagen von *Bambusa vulgaris* Halme für die Papierproduktion.
- Bambus kann der Erosion Einhalt gebieten. Das dichte Netz seiner Rhizome gibt dem Boden Halt.

Noch ein sozialökologischer Aspekt: In vielen Ländern der Dritten Welt trägt der Bambus zum Lebensunterhalt der Bevölkerung bei. In Nordthailand gibt es Dörfer, in denen alles mögliche aus Bambus hergestellt wird. Solche Flechtwerkstätten findet man auch auf den Philippinen und in China. Bis in unsere Warenhäuser finden die kunstvollen Handarbeiten Eingang.

Bambusfreunde in aller Welt

Seit etwa 10 Jahren grassiert auch in Europa eine Leidenschaft, die man getrost als Bambusfieber bezeichnen kann. Mit dem erfreulichen Ergebnis, daß immer mehr Arten Einzug in unsere Gärten und Häuser halten.

1986 wurde die Europäische Bambusgesellschaft (EBS) gegründet, die inzwischen 1000 Mitglieder in Frankreich, Deutschland, Großbritannien, Italien und der Schweiz zählt (→ Adressen, Seite 44). Der Jahresbeitrag beträgt derzeit DM 40,–. Die Aktivitäten der EBS:

- Herausgabe der Mitgliederzeitschrift »Bambusblätter«.
- Diavorträge, Ausstellungen, Tauschbörsen, Exkursionen.
- Austausch von Forschungsergebnissen auf internationaler Ebene.
- Verbreitung von gärtnerischem Wissen und wissenschaftlichen Erkenntnissen zum Thema Bambus.
- Erhaltung gefährdeter Arten.

Ein Bambuspark in Europa

Die eindrucksvollste Bambussammlung Europas liegt im südfranzösischen Anduze (Département Gard), eine halbe Autostunde nordwestlich von Nîmes, am Fuße des Cevennengebirges. Sie heißt »Bambouseraie de Prafrance« und zeigt in einem 40 Hektar großen Park mehr als eine Million Bambusse in rund 60 verschiedenen Arten und Varietäten. In diesem Wallfahrtsort für Bambusfreunde, der jährlich 350 000 Besucher anzieht, stehen über 20 m hohe Exemplare.

Sie erreichen den Bambuspark von Deutschland kommend am besten, wenn Sie auf der Autoroute du Soleil die Autobahnausfahrt Bollène nehmen und über Bagnol-sur-Cèzes und Alès Richtung Anduze/Générargues fahren. Fahrtdauer: Von der Autobahnabfahrt aus gut eine Stunde.

Einladend: Ein Bambus im Kübel, hier Phyllostachys aurea 'Albovariegata'.

Kaufen, Pflanzen, Pflegen und Vermehren

Wo ein Kirschbaum wächst, gedeiht auch Bambus

Tatsächlich behagen dem Bambus ähnliche Bedingungen wie dem Kirschbaum: Wärme, Sonne und ein gut durchlässiger, nahrhafter Boden. Hier geht es um den richtigen Standort, die optimale Pflanzzeit, ums Pflanzen, Pflegen und Vermehren. Was ganz einfach ist, wenn man ein paar Kniffe und die Eigenarten von Bambus kennt.

Überlegungen vor dem Kauf
<u>Wuchseigenschaften, Standort- und Pflegebedingungen</u> spielen die wichtigste Rolle bei der Auswahl geeigneter Arten. Informieren Sie sich darüber zuerst (→ Seite 30 bis 43).

<u>Die Frosthärte</u> entscheidet darüber, ob ein Bambus unsere Winter gut übersteht oder Schutz braucht. Sie hängt von der Art, aber auch von individuellen Standortbedingungen ab. An einem geschützten Platz (Innenhof) kann ein Bambus, dessen Frosthärte mit einem Erfahrungswert von – 15 °C angegeben ist, durchaus 5 Kältegrade mehr vertragen. Umgekehrt versagt auch die frosthärteste Art, wenn sie eiskalten, scharfen Nordostwinden ausgesetzt ist oder in Höhenlagen über 500 m ausgepflanzt wird.
Außerdem: Ein winterharter Bambus im Kübel hält nicht die gleichen Minusgrade aus wie dieselbe Art, die frei ausgepflanzt ist. Zu bedenken ist auch, daß selbst bei sehr harten Arten das Laub leidet, wenn das Thermometer unter – 20 °C sinkt. Im Artenteil (→ Seite 30 bis 43) wird die Winterhärte der einzelnen Arten angegeben.

<u>Die Wuchsleistung</u> kann von Standort zu Standort variieren. Eine Art, die in Südfrankreich 10 m hoch wird, schafft in Deutschland vielleicht nur 6 m, weil die Summe der warmen Tage geringer ist. Als Faustzahl gilt, daß eine Bambuspflanze pro Jahr um die Hälfte ihrer Höhe zunimmt. Höher als 10 m dürfte bei uns jedoch kein Bambus werden.

Mein Tip: Ausläufertreibende Arten sind meist winterhart, horstige nicht. Ausnahme: Einige wenige Arten der horstig wachsenden Gattung *Fargesia (Sinarundinaria)*, die auch bei uns gut frosthart sind.

Wo Sie Bambus bekommen
Bambus ist in Baumschulen, Staudengärtnereien, Gartencentern und anderen Fachbetrieben erhältlich, die sich auf diese Pflanze spezialisiert haben (→ Adressen, Seite 44). Tropische Arten für Haus und Wintergarten finden Sie auch im Blumenfachhandel.

Worauf Sie beim Kauf achten müssen
Bambus wird in Containern (Töpfen oder Gefäßen aus schwarzem Kunststoff) angeboten. Achten Sie darauf, daß:
- die Pflanze ein Etikett mit dem botanischen Namen trägt,
- Topf- und Pflanzengröße in einem gesunden Verhältnis zueinander stehen,
- der Bambus keine Ringelwurzeln am oberen Topfrand gebildet hat (das bedeutet nämlich, daß er nicht rechtzeitig umgetopft und somit in seiner Entwicklung gebremst wurde),
- die Blätter frischgrün aussehen,
- die Halme fest und jung sind,
- die Pflanze ausreichend neue Rhizome für die Weiterentwicklung besitzt. (Lassen Sie sich die Pflanze austopfen!)

Der Transport der Pflanzen
Er ist auch im Auto oder mit der Bahn kein Problem, weil Bambus so biegsam ist. Beste Zeit für den Transport ist das Frühjahr, wenn die

<u>Bambus-Wasserspiel.</u>
Shishi-Odoshi heißt diese japanische Konstruktion aus Bambusrohren, die ursprünglich als Wildscheuche gedacht war. Beim Entleeren des Wassers entsteht ein lauter Klackton.

jungen Triebe noch ganz kurz sind. Vor dem Einladen bindet man den Halm-Schopf zusammen. Der Container kommt in einen Plastiksack, damit das Auto nicht verschmutzt wird. Daheim versorgt man die Pflanze sofort mit Wasser. Wenn Sie nicht gleich zum Pflanzen kommen, stellen Sie die Pflanze samt Container im Freien an einen windgeschützten Ort.

Die beste Pflanzzeit

Im Frühjahr wächst Bambus schneller an, weil er dann nicht nur am Anfang einer neuen Vegetationsperiode steht, sondern auch in den Sommer hineinwachsen kann. Ein Boden, der sich kontinuierlich erwärmt, fördert eine gesunde Wurzelentwicklung. Bambus, der im Herbst gepflanzt wird, hat nicht mehr genügend Zeit gut einzuwurzeln, das heißt, viele wassersuchende und feine Wurzeln zu bilden. Deshalb besteht Gefahr, daß er gleich im ersten Winter vertrocknet.

Der ideale Standort

Er hängt natürlich von den Bedürfnissen, vor allem von den Lichtbedürfnissen der einzelnen Arten ab (→ Seite 30 bis 43). Im allgemeinen aber brauchen alle für den Garten geeigneten Bambusse folgende Bedingungen:
- Einen windgeschützten Platz, an dem die Wintertemperaturen möglichst nicht unter – 15 °C sinken.
- Einen nährstoffreichen, gut wasserdurchlässigen Boden, der nicht zu schnell austrocknet.

Gute Standorte sind:
- Geschützte Innenhöfe, zum Beispiel die Hinterhöfe in Großstädten.
- Windgeschützte Mauern oder Nischen.
- Gärten, die von hohen Hecken oder Mauern umgeben sind und daher ein wärmeres Kleinklima besitzen.

- Plätze, die in der Nähe größerer Baumgruppen liegen, deren Geäst den Bambus vor allem im Winter vor austrocknender Sonne schützt.

Gute Bambusregionen sind:
Gegenden mit Seeklima, zum Beispiel Nord- und Ostseeküste und Schleswig-Holstein. Hier herrscht immer ein gewisses Maß an Luftfeuchtigkeit, und das Klima ist im Winter nicht so trocken-kalt wie in den kontinentalen Gebieten. Weinbaugegenden bieten in der Regel einen guten Boden, feuchtwarme Sommertemperaturen und warme Süd- oder Südwestwinde, zum Beispiel Oberrheinebene, Bergstraße und Kölner Bucht. Im Winter allerdings können anhaltende Hochdruckwetterlagen mit Sonne tags und trockenem Frost nachts gefährlich werden. Besonders schlimm sind austrocknende Ostwinde. Hier sind Winterschutz und durchdringendes Wässern angebracht (→ Seite 19).

Weniger geeignete Standorte sind:
- Lagen über 800 m,
- windexponierte Plätze,
- sehr lehmhaltige, verdichtete Böden,
- Sandböden, in denen das Wasser wie durch ein Sieb läuft,
- sumpfige Plätze mit Staunässe und schlechter Bodendurchlüftung.

Wichtig: Der Bambus ist keine Sumpfpflanze! Wer ihn an Bachläufen oder Teichen ansiedelt – was sehr hübsch aussieht –, muß für eine gute Dränage sorgen.

Mein Tip: Beschreiben Sie beim Kauf von Bambus dem Fachmann den von Ihnen vorgesehenen Standort ganz genau. Geben Sie ihm an, woher im Sommer und Winter der Wind am häufigsten weht, welche Durchschnittstemperaturen herrschen, ob Sie eine Bewässerungsmöglichkeit haben, und wie Ihr Boden beschaffen ist. Sagen Sie ihm, was in Ihrem Garten besonders gut gedeiht, und was sich schwertut.

Wie der Boden beschaffen sein muß

Der optimale »Bambusboden«
- ist humos, locker und nahrhaft wie Waldboden oder guter Wiesengrund;
- hat einen wasserdurchlässigen Untergrund. Vorsicht bei Baugrundstücken! Die unterste Erdschicht ist durch die Arbeiten oft total verdichtet;
- kann Wasser binden. Dies ist wichtig, weil ausläufertreibende Bambusse Flachwurzler sind und viel Wasser brauchen.

Wenn diese Voraussetzungen erfüllt sind, ist der pH-Wert (Säuregehalt) zweitrangig. Bambus gedeiht auch in kalkhaltigen Böden, obwohl leicht saure Böden mit einem pH-Wert zwischen 5,5 und 6,8 (7 ist neutral) als optimal angesehen werden.

Wie man den Boden verbessern kann

Schwere, undurchlässige Böden – man erkennt sie daran, daß das Wasser sehr langsam versickert – mit Flußsand (keinen lehmigen Bausand nehmen!), Hygromull, Hygropor, Styroporflocken, Blähton, gebrochener Schlacke oder anderen Lockerungszusätzen anreichern.

Leichte Sandböden mit lehmiger Gartenerde, Hygromull und Kompost vermengen.

Staunasse Böden dränieren. Die verdichtete Unterlage durchstoßen und auflockern, eventuell Dränagerohre legen. Kiesfilter einbringen.

Bei Böden mit hohem Wasserstand, zum Beispiel in der Nähe von Teichen oder Bächen, den Pflanzplatz 50 cm höher legen. Einfach einen Hügel bilden.

Gießen

Es ist nicht nur nach dem Pflanzen wichtig, sondern bei Bambussen im Kübel an heißen Tagen tägliches Muß. Der Bambus zeigt akuten Wassermangel durch Einrollen der Blätter an. Wichtig: Bei anhaltendem Hochdruckwetter muß ein im Freien stehender Bambus im Sommer wie im Winter gewässert werden, schließlich kommt er aus einem Land mit häufigen Niederschlägen. Außerdem zählt Bambus zu den Immergrünen und verdunstet wie Nadelgehölze oder Rhododendron auch im Winter ständig Feuchtigkeit über seine Blätter. Im Winter wässert man an frostfreien Tagen, in der Regel zwischen zwei Frostperioden.

Richtig düngen

Bambus hat einen hohen Nährstoffbedarf. Aber: Frisch gepflanzte Bambusse nicht düngen! Der ins Erdreich eingearbeitete Vorratsdünger reicht für die ersten 3 Monate. Im Garten wie im Kübel können eingewachsene Exemplare ab Mai mit einem handelsüblichen stickstoffbetonten Volldünger versorgt werden, zum Beispiel mit Blaukorn, Nitrophoska (12:12:20). Sie können diesen Dünger in Wasser lösen und gießen oder, wenn es sich um ein Granulat handelt, auf den Wurzelbereich streuen. Ende August mit dem Düngen aufhören, damit die neuen Triebe ausreifen und dem Frost besser widerstehen können.

Mein Tip: Mulch, zum Beispiel aus abgefallenem Bambuslaub oder anderen Mulchmaterialien, schützt den Wurzelbereich nicht nur vor dem Austrocknen und der Kälte, er liefert auch Nährstoffe. Bambuslaub gibt der Pflanze vor allem wiederum Kieselsäure zurück. Biogärtner schwören auf Gaben mit Pflanzenjauchen aus Zinnkraut oder Comfrey, die ebenfalls viel Kieselsäure und wertvolle Mineralien enthalten.

Dichtlaubig wie ein Baum: Formierte Phyllostachys viridiglaucescens.

BAMBUS PRAXIS

Einpflanzen

Bambus wird in der Baumschule in Containern kultiviert, wobei die Größe des Gefäßes von Größe und Alter der Pflanze abhängt.

Vorbereitungen:
- Bambus aus dem Gefäß nehmen.
- Wurzelballen auflockern.
- Ballen so lange unter Wasser halten, bis keine Luftbläschen mehr aufsteigen und er voll mit Feuchtigkeit gesättigt ist.

So wird eingepflanzt:
(→ Zeichnungen 1 – 4, unten)
1 Pflanzloch etwa 20 cm tiefer ausheben, als der Topf hoch ist. Es muß rundum 20 bis 40 cm größer sein als der Topfumfang. Aushub mit Kompost oder mit Torf plus Langzeitdünger vermengen. Untergrund mindestens einen Spaten tief lockern. Bei stark verdichteten Böden wesentlich tiefer graben.
2 Pflanze mit Topfballen auf Mitte in das Pflanzloch setzen. Dabei ist Topfoberfläche gleich Erdoberfläche. Nur bei sehr leichten Böden darf man den Bambus etwas niedriger setzen und obenauf etwas schwerere Gartenerde geben.
3 Aushub einfüllen und fest andrücken. Wiederholt angießen, anschließend Pflanzstelle mulchen.
4 Bei ausläufertreibenden Arten empfiehlt sich der Einbau einer Rhizomsperre, am besten gleich beim Pflanzen. (Wichtig bei begrenztem Platz in der Nähe von Terrassen oder Rasenflächen.) Dazu in einem gewünschten Umkreis einen 70 cm tiefen Graben rings um die Pflanzung ausheben. Rhizomsperre (eine 7 mm starke, nicht verrottende Gummimatte mit Textileinlage, → Bezugsquellen, Seite 44) hineinstellen. Sie verhindert das Durchstoßen der Rhizome. Erde auffüllen.

1 Pflanzloch etwa 20 cm tiefer und breiter ausheben, als der Bambusballen groß ist.

2 Bambus so einsetzen, daß die Oberfläche des Ballens ebenerdig mit dem Boden abschließt.

3 Erde einfüllen und fest andrücken. Wiederholt angießen, anschließend Pflanzstelle mulchen.

4 So entwickeln sich die Rhizome, wenn beim Pflanzen gleich eine Sperre eingebaut wurde.

Die häufigsten Vermehrungsmethoden

Das Einlegen von Rhizomstücken und das Teilen eines größeren Bambushorstes sind in der Praxis sehr leicht nachvollziehbar:

Vermehrung durch Rhizomteilung
(→ Zeichnungen 1 – 3, rechts)
Das Rhizom sollte 2 oder 3 Jahre alt sein und reichlich Augen besitzen.
1 Boden abtragen, Rhizom vorsichtig freilegen. Mit scharfer Gartenschere in Teilstücke von 20 cm Länge schneiden.
2 Rhizomstücke waagrecht 15 cm tief in den Boden legen.
3 Erde auffüllen, festdrücken und Pflanzung gut wässern.
Mein Tip: Eine andere Möglichkeit besteht darin, das Rhizom waagrecht in einen weiten Topf oder Kübel mit einem Erde-Torf-Sand-Gemisch einzupflanzen.

Vermehrung durch Horstteilung
(→ Zeichnungen 4 – 6, rechts)
Sie wird vor allem bei der großen Gruppe der *Phyllostachys* praktiziert. Dabei wie beim Umpflanzen (→ Seite 22) vorgehen:
4 Am Rande des Horstes mit dem Spaten einen Ballen herausstechen, der etwa 4 – 5 Halme aufweist.
5 Rhizome einkürzen.
6 Ballen in ein ausreichend tiefes Pflanzloch auf Mitte setzen (→ Einpflanzen, Seite 20), so daß er genauso tief wie zuvor im Boden sitzt. Erde einfüllen und festdrücken. Gießrand bilden und ausgiebig wässern. Halme um 1/3 kürzen. Mulchen, zum Beispiel mit Kompost, Laub, angetrocknetem Grasschnitt.
Mein Tip: Frisch gepflanzten Bambus vor der aggressiven Frühjahrssonne mit einer Schilfmatte schützen. Bilden sich neue Halme, so ist der ausgegrabene Ballen gut angewurzelt.

1 Rhizomteilung: Rhizome in 20 cm lange Stücke schneiden.

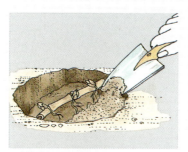

2 Teilstück in den Boden legen.

3 Mit Erde bedecken, angießen.

4 Horstteilung: Triebe abstechen.

5 Rhizome einkürzen, einpflanzen.

6 Halme um 1/3 kürzen, mulchen.

Bambus ist, wie alle Gräser, auch im Winter schön anzusehen.

Bambus in Gefäße pflanzen

Als Pflanzerde eignet sich lockerer, lehmiger Gartenboden, den man mit Torf und Sand zu gleichen Teilen vermischen kann. Wichtig: Vorratsdünger, zum Beispiel Osmocote, Plantosan oder Triabon, gleich mit untermengen!

- Kübel wählen, der etwa drei- bis viermal so groß ist wie der Wurzelballen. Der Kübel muß auch wesentlich höher als der Container und mit Abzugslöchern versehen sein.
- Je nach Topfgröße eine 5 bis 10 cm dicke Dränageschicht aus Blähton, Kies, Sand oder Styroporflocken einfüllen.
- Dränageschicht mit einem Vlies abdecken, damit die Erde nicht nach unten auswäscht und die Abzugslöcher verstopft.
- Topfballen gründlich wässern.
- Topfballen auf Mitte stellen.
- Erde mit einem Vorratsdünger anreichern und einfüllen. Fest andrücken. Gießmulde lassen.
- Mit gut 10 l Wasser angießen.

Umpflanzen

Wenn Sie die Absicht haben, Ihren Bambus im nächsten Frühjahr an einen anderen Platz zu setzen, sollten Sie schon im Herbst mit den Vorbereitungen dafür beginnen:

- Mit einer Schnur die Bambustriebe zusammenbinden.
- Kreisförmig und spatentief um die Pflanze einen Graben ausheben, dabei Rhizome abtrennen. So erhalten Sie die spätere Ballengröße.
- Von dieser Grabensohle nochmals spatentief nach unten graben und erneut Rhizome abtrennen.
- Erdaushub mit Torf mischen und wieder einfüllen.
- Gründlich wässern.

Nach dieser Prozedur bildet die Pflanze im Innern und am Rand des Erdballens neue Wurzeln und wird den Umzug im folgenden Frühjahr problemlos überstehen. Versetzt man den Bambus ohne diese Vorbereitung, so fehlen ihm genügend feine, für die Wasseraufnahme wichtige Wurzeln.

Der richtige Schnitt

<u>Auslichten.</u> Bei einem ausgedünnten Bambus kommt die Schönheit der einzelnen Halme viel besser zur Geltung. Nehmen Sie darum von Zeit zu Zeit im Frühjahr einige ältere Triebe bodeneben heraus. Sie lassen sich leicht von den frischgrünen neuen Trieben unterscheiden. Zusätzlicher Effekt: Bei *Phyllostachys* wachsen durch den Auslichtungsschnitt dickere Halme nach.

<u>Rückschnitt.</u> Bodendeckende Bambusarten wie *Pleioblastus pumilus*, *Sasa pygmaea*, *Sasa veitchii* und andere sollten zum Frühjahrsbeginn in Bodennähe abgeschnitten werden. Achtung: Nie im Herbst zurückschneiden! Die Pflanze braucht ihr Laub als Winterschutz.

<u>Erholungsschnitt.</u> Halme und Blätter, die im Winter erfroren sind, schneidet man nicht vor Ende Mai ab. Dann erst können Sie sicher sein, daß sie nicht mehr neu austreiben. Nach dem Schnitt düngen!

Mein Tip: Werfen Sie Schnittabfälle nicht weg, sondern lassen Sie sie als Mulch liegen. Wenn sie verrottet sind, führen sie dem Bambus wertvolle Nährstoffe zu.

Winterschutz

Er ist in den ersten Jahren nach der Pflanzung anzuraten und dient im Februar/März auch als Sonnenschutz. Grund: An sonnigen Frühlingstagen wird die Photosynthese in den grünen Blättern ausgelöst, kann aber nicht funktionieren, weil die Pflanze kein Wasser aus dem gefrorenen Boden ziehen kann. Sie muß verdorren. Im Herbst und Winter geht es vor allem darum, den Wurzelbereich zu schützen. Dafür gibt es verschiedene Möglichkeiten:
- Feinmaschigen Hühnerdraht kreisförmig um die Pflanze stellen. Bambus kräftig wässern und die Drahtröhre mit Laub oder Stroh füllen. Die Füllung darf ruhig 30 cm dick sein (im April entfernen!).
- Bambus locker zusammenbinden. Der Schopf schützt so den Wurzelbereich.
- Schilfrohrmatte um die Pflanze herum aufstellen.
- Dreibock aus Pfählen bauen und mit Sackleinen bespannen.

Mein Tip: Ich rate davon ab, Bambus in Folie zu packen, weil der Luftaustausch zu gering ist.

Bambus vermehren

Bambus läßt sich auf verschiedene Weise vermehren:
Für jedermann ein Kinderspiel ist die Vermehrung durch Rhizomstücke und durch Teilen. Wie's gemacht wird, finden Sie auf Seite 21. Beste Zeit dafür ist das zeitige Frühjahr. Seltener praktiziert wird die Vermehrung durch Steckhölzer und Halmabschnitte (nur bei tropischen Arten), durch Meristeme (winzige Gewebeteile, wird nur bei wenigen Arten durchgeführt) und durch Aussaat.

<u>Vermehrung durch Steckhölzer und Halmabschnitte.</u> Tropische Bambusse lassen sich auf diese Weise vermehren. Man nimmt einen Halmabschnitt und pflanzt ihn senkrecht ein. An den Knoten können sich Wurzeln und Rhizome oder Triebe mit Blättern bilden. Man kann Halme mit Blättern auch einfach ins Beet legen und zum Teil mit Erde bedecken. Sobald sich Wurzeln gebildet haben, werden die Teilstücke auseinandergeschnitten und einzeln eingetopft.

<u>Vermehrung durch Meristeme.</u> Diese Methode ermöglicht es, Bambus massenweise zu produzieren. Erfolge konnten jedoch lediglich bei *Bambusa* und der südamerikanischen *Guadua* erzielt werden. Bei *Phyllostachys* und vielen anderen Bambusarten funktioniert diese Vermehrungsmethode leider nicht.

<u>Vermehrung durch Aussaat.</u> Dies wäre mit Sicherheit die einfachste und preiswerteste Vermehrungsart, wenn Bambus öfter und regelmäßiger blühen würde. Leider verliert aber auch der Samen sehr rasch seine Keimfähigkeit.

Schädlinge und Krankheiten

Sie sind im Freien eigentlich kein Thema, können aber im Wintergarten und Haus lästig werden. Hauptursache ist zu trockene Luft, die Spinnmilben und Blattläuse auf den Plan ruft. Bekämpfung: Handelsübliche Insektizide, Gelbtafeln oder Nutzinsekten einsetzen.

Winterschäden

Man unterscheidet 3 Arten von Schädigung:
- Laubschäden,
- Laubschäden, verbunden mit Halmschäden,
- Laub-, Halm- und Rhizomschäden.

Von Laubschäden erholt sich die Pflanze meistens rasch. Die alten Blätter werden abgestoßen und mit beginnender Vegetation einfach neu gebildet. Sind Blätter und Halme erfroren – zu erkennen an der fahlgrauen Farbe – wartet man bis Ende Mai. In den meisten Fällen treibt der Bambus bis zu diesem Zeitpunkt wieder aus. Haben Blätter, Halme und Rhizome Schaden genommen, ist die Pflanze tot. Wer nicht gerade an extrem rauhe Standorte sehr empfindliche Arten oder Sorten gepflanzt hat oder vergessen hat, den Wurzelbereich abzudecken, braucht vor Winterschäden keine Angst zu haben.

Gestalten mit Bambus

Ein Hauch Fernost in Haus und Garten

Bambus vereint Eleganz und immergrüne Heiterkeit. Ob als Hecke, Solitär, Einfassung oder Wäldchen, ob am Teichrand, Bachlauf, im Innenhof, Wintergarten oder Wohnzimmer – das Wichtigste für den Gestaltungserfolg ist die Wahl der richtigen Art.

Bambus, so sagen die Chinesen, bedeutet für einige alles und für viele etwas. Haben Sie das Konifereneinerlei satt und suchen nach Pflanzen, die ebenfalls immergrün sind, aber nicht so düster wirken? Möchten Sie das Erdreich an einer Böschung oder am neu angelegten Teich befestigen? Wünschen Sie sich eine japanische Ecke zum Meditieren oder einfach etwas filigran Zartes oder grafisch Interessantes für Wintergarten oder Wohnzimmer? Dann ist Bambus das Richtige. Gestalterische Möglichkeiten mit hohen, mittelhohen und niedrigen, bodendeckenden Arten gibt es genug. Bambus eignet sich:
- zur Einzelstellung,
- zur Gruppenpflanzung,
- zur Erdbefestigung am Teichrand oder Bachlauf,
- als Unterpflanzung,
- als Hecke oder Sichtschutz,
- als Kübelpflanze für Wintergarten oder Gewächshaus,
- als Zimmerpflanze,
- für Balkon, Dachgarten, Terrasse, falls gewisse Voraussetzungen gegeben sind (→ Seite 27).

Mein Tip: Bambus ist ein idealer Sichtschutz, denn er erreicht in wenigen Jahren seine endgültige Höhe und wächst im Gegensatz zu Gehölzen dann nicht mehr höher. Sie sparen sich also mühsames Schneiden.

Gestaltungstips für Bambusse

Für Einzelstellung eignen sich:
Phyllostachys aureosulcata (3 m),
Phyllostachys nigra 'Henonis',
Phyllostachys nigra 'Boryana' (beide 3 – 5 m).

Für Gruppenpflanzung geeignet:
Phyllostachys bissetii (3 – 4 m),
Phyllostachys humilis (2 – 3 m),
Phyllostachys flexuosa (3 – 4 m).

Pflanzabstände: Bodendecker: 2 – 4 Pflanzen pro Quadratmeter.
Hecke: 1 – 2 Pflanzen pro Meter.
Einfassung (niedrig): 2 – 3 Pflanzen pro Meter.
Kübel: 1 Pflanze pro Gefäß.
Kasten: 1 Pflanze auf 30 cm.

Bambus im Garten

Bambus ist eine Pflanze mit sehr eigenem Charakter, der sich nicht alle Gewächse und Gestaltungselemente im Garten zuordnen lassen. Bambus und Blautanne gehen nicht zusammen. Das paßt gut:

Steine und Wasser. In Japan ist Bambus immer in Gesellschaft wenigstens eines dieser beiden anzutreffen. Der Stein gilt in der japanischen Gartenarchitektur als das stabilste Element und symbolisiert Beständigkeit, Kraft und Stärke. Das Wasser steht für Ruhe und Stille einerseits, Erlebnis und Bewegung andererseits. Stein, Wasser und Pflanze verschmelzen zu einer harmonischen Einheit.
Diese Ruheinseln sind so schlicht und schön, daß sie auch in unsere Gärten passen. Beispiele für japanische Gestaltungsgegenstände: Steinlaternen, Schöpfbrunnen (Tsukubai), japanische Wasserspiele wie das ursprünglich als Wildscheuche gedachte Shishi-Odoshi, Findlinge, große Kieselsteine, Kies, Sand.

Blüten-, Laub- und Nadelgehölze, vor allem jene, die auch im asiatischen Raum eine Rolle spielen. Beispiele: Ahorn, Kiefern, Magnolien, Zierkirschen, Zierpflaumen, Rhododendren, Azaleen, Kamelien, Kerrie, Spindelstrauch, Aukube, Schneeball, Skimmie, Aralie.

Kletterpflanzen wie *Clematis*, Wilder Wein, Kletterhortensie.

Stauden mit großen Blättern als Kontrapunkt zur Feinlaubigkeit des Bambus. Beispiele: Funkien oder Bergenien, Blütenstauden und

Exotik unter Glas.
Im lichtdurchfluteten Wintergarten gedeihen wärmeliebende, tropische Bambusarten besonders gut und bilden eine immergrüne Kulisse für andere Grün- oder Blütenpflanzen.

Das filigrane Bambuslaub wirkt in jedem Gartenbeet leise und unaufdringlich.

Zwiebelblumen wie Iris, Lilie, Astilbe und Anemone. Unter oder neben hohen Bambussen können auch Schattenstauden stehen. Das herabfallende Laub hält ihnen den Boden feucht.
Rosen mit einfachen Blüten und Wildrosencharakter.
Gräser in Arten und Varietäten.

Bambus im Haus
Der hellste Platz ist gerade gut genug: Im Winter ein Südfenster und im Sommer ein Ost- oder Westfenster. Gegossen wird während der Vegetationszeit reichlich (aber Staunässe vermeiden!), gedüngt wird jede Woche. Ideal ist es, wenn Bambus auf Steinböden oder Fliesen steht. Er »putzt« sich nämlich ständig, das bedeutet, er erneuert fortwährend sein Laub. Dabei verliert er immer wieder Blättchen, die sich auf Steinböden leichter entfernen lassen. Übrigens: Das in Blumengeschäften angebotene Bambusgras, botanisch *Pogonatherum paniceum*, gehört zwar wie Bambus zur Familie der Süßgräser, ist aber kein Bambus im engeren Sinne, sondern ein Verwandter des Zuckerrohrs. Das merkt man schon daran, daß die grazile Grünpflanze öfter blüht. Um echten tropischen Bambus handelt es sich dagegen bei den neuerdings auf dem Markt erhältlichen Exemplaren von *Bambusa vulgaris* 'Striata' (→ Seite 31).

Bambus für den Wintergarten
Die Lichtverhältnisse im Wintergarten sind ideal für frostempfindliche Bambusarten. Die Pflanzen können frei ins Erdbeet oder in Kübel gepflanzt werden.

Voraussetzungen für eine erfolgreiche Kultur:
- Licht von allen Seiten.
- Ausreichende Luftfeuchte.
- Sommertemperaturen von 25 bis 35 °C.
- Wintertemperaturen nicht unter 5 °C.
- Ausreichende Belüftung. Im Sommer kann ein Wärmestau gefährlich sein.
- Schattierungsmöglichkeiten, Schutz vor allem vor der aggressiven Frühjahrssonne.

Mein Tip: Bambus in Kübeln – sofern die Gefäße nicht zu schwer sind – nach den Eisheiligen zur Sommerfrische ins Freie bringen.

Bambus auf der Terrasse

Ein wundervoller Sichtschutz. Wichtig ist, durch entsprechende Maßnahmen zu verhindern, daß der Wurzelballen im Winter total durchfriert und in der Wintersonne austrocknet. Geeignet sind frostharte, nicht zu wüchsige und nicht zu hohe Arten.

Voraussetzungen für die erfolgreiche Kultur:
- Ausreichend große Gefäße mit mindestens 50 l Fassungsvermögen. Die Kübel oder Tröge müssen drei- bis viermal so groß sein wie der Wurzelballen und Abzugslöcher haben.
- Dränage (→ Seite 22).
- Winterschutz. Gefäß an eine windgeschützte Stelle rücken und mit Styroporplatten, reichlich Stroh, Noppenfolie oder einem ähnlichen Dämmstoff einpacken. Oder Kübel in eine tiefe Erdgrube versenken und mit einer dicken Laubschicht zudecken.
- Regelmäßiges Gießen im Sommer, an frostfreien Tagen auch während der Wintermonate.

Mein Tip: Gefäße, die den Winter über draußen bleiben, müssen frosthart sein.

Bambus auf dem Balkon und Dachgarten

Da Bambus nur in großen Gefäßen gedeiht, die naturgemäß schwer sind, sollten Sie sich vorher beim Vermieter oder örtlichen Bauamt nach der statischen Belastbarkeit des Bodens erkundigen. Wichtig ist auch hier, für Wind- und Winterschutz zu sorgen (→ Terrasse, linke Textspalte).

Bambus in Hydrokultur

Funktioniert im Gegensatz zu den Riedgräsern nach den bisherigen Erfahrungen nicht gut. Die Rhizome vertragen anscheinend selbst die geringe Feuchte nicht, die der Blähton festhält und kontinuierlich an die Umgebung abgibt. Es kommt häufig zu braunen Blattspitzen.

Bambus als Bonsai

Bambus läßt sich zum japanischen Bonsai wie zum chinesischen Penjing formen und sieht als Pflanzenminiatur genauso reizvoll aus wie im großen. Geeignet sind vor allem kleinwüchsige Arten. Aber auch größere Bambusse lassen sich durch Schnitt oder Abnehmen der frischen Halmscheidenblätter klein halten und entwickeln sich bizarr. Der Fachmann wendet die Bonsai-Technik auch zum Formieren von »Bambusbäumen« (→ Seite 19) oder Hochstämmchen an und erzielt kürzere Knotenabstände und kompakteren Wuchs. Wer sich für die Schnittechnik interessiert, sollte einem Bonsaiclub beitreten oder sich Rat in einer Bonsaigärtnerei holen, die fertige Bambus-Bonsai verkauft.

Bambus für jede Gelegenheit

Bambusse fürs Zimmer
Bambusa glaucescens 'Alphonse Karr'
Bambusa glaucescens 'Golden Goddess'
Bambusa glaucescens 'Wang Tsai'
Bambusa vulgaris 'Striata'
Bambusa vulgaris 'Wamin'
Chusquea coronalis
Chusquea ramosissima
Otatea aztecorum
Sinobambusa tootsik 'Variegata'

Bambusse für den Wintergarten
Neben den Sorten fürs Zimmer:
Bambusa ventricosa
Chimonobambusa marmorea
Chimonobambusa quadrangularis
Drepanostachyum hookerianum
Phyllostachys aurea
Phyllostachys viridiglaucescens
Thamnocalamus microphyllus

Bambusse für Terrasse, Balkon und Dachgarten
Fargesia murielae
Fargesia nitida
Phyllostachys aurea
Phyllostachys aureosulcata
Phyllostachys bambusoides 'Violascens'
Phyllostachys bissetii
Phyllostachys humilis
Phyllostachys nigra
Pseudosasa japonica

Bambusse für die Bonsaigestaltung
Bambusa glaucescens
Bambusa ventricosa
Chimonobambusa marmorea
Chimonobambusa marmorea 'Variegata'
Phyllostachys humilis
Pleioblastus chino var. gracilis
Pleioblastus pumilus
Pseudosasa japonica

Bambus – grüne Oase auf dem Balkon

Pflanzen, die so zierlich und filigran wie Bambus wirken und nicht allzu stark in die Breite wachsen, sind ideal für Balkone, die ja in der Regel nicht viel Platz bieten. Außerdem bildet das Riesengras eine neutrale Kulisse zu farbigen Blumen und sieht zu allen Möbeln gut aus – insbesondere natürlich zu Möbeln aus exotischen Naturmaterialien. Denken Sie im Sommer daran, daß die Pflanzen in den Kübeln schneller austrocknen als im Gartenboden, und gießen Sie an heißen Tagen täglich. Bei allzu zugigen Balkonen muß für Winterschutz gesorgt werden (→ Seite 27). Außerdem kommen bei Überwinterung draußen nur frostfeste Gefäße aus hochgebrannter Keramik in Frage (→ Bezugsquellen, Seite 44). Im Handel ist sehr schöne, einfarbige, glasierte oder unglasierte Töpferware. Besonders attraktiv: Chinesische Gefäße, die natürlich vom Stil her wundervoll mit Bambus harmonieren.

Ton-in-Ton-Gestaltung.
Mit anderen Pflanzen würde es vielleicht langweilig wirken. Mit Bambus nicht. Die Szene beherrschen: Quinzhuea tumidinoda, eine Rarität aus China, und eine formierte Phyllostachys viridiglaucescens, ebenfalls eine Besonderheit.

Die schönsten Bambusse für Haus und Garten

Immer grün, elegant und vielseitig

Wimpern und Fransen sind das Erkennungsmerkmal von Phyllostachys heterocycla var. pubescens (→ Foto). Beim genauen Hinsehen lassen sich bei jeder Art und Varietät besondere Eigenheiten entdecken. Wer sie kennt, kann Bambus drinnen wie draußen weitaus vielseitiger einsetzen.

Erläuterung der Stichwörter

Auf den folgenden Seiten finden Sie eine Auswahl der apartesten Bambusarten und -sorten. Da viele Bambusse sich sehr ähnlich sind, sollen Ihnen die textlichen Angaben zur Information, aber auch als Bestimmungs- und Kaufhilfe dienen. Sie sind wie folgt geordnet:

Name. Zuerst wird der derzeitige botanische Gattungsname genannt, zum Beispiel *Arundinaria*. Er ist international gleich und überall verständlich. Bedingt durch zahlreiche Probleme, die die Bambusgattungen und -arten bei ihrer botanischen Klassifizierung den Fachleuten bereiten, kommt es häufig vor, daß die Gattungen und Arten mehr als nur einen Namen zugewiesen bekommen haben, etliche besitzen Synonyme. Diese Synonyme finden Sie in Klammern hinter dem Erstnamen. Wenn Sie beim Kauf also mit einem Namen nicht weiterkommen, nennen Sie die Synonyme, unter denen Ihr ausgewählter Bambus ebenfalls geführt werden kann. So laufen mitunter Arten von *Pseudosasa*, *Pleioblastus* und *Thamnocalamus* auch unter *Arundinaria* – und umgekehrt.

Übrigens: Deutsche Namen gibt's – mit wenigen Ausnahmen – bei Bambus noch nicht.

Heimat. Hier wird auf den ursprünglichen Herkunftsort der Gattung hingewiesen.

Wuchs. Sie erfahren, ob es sich bei der jeweiligen Gattung um einen ausläufertreibenden oder horstig wachsenden Bambus (→ Seite 6) handelt. Eine Information, die sowohl fürs Einpflanzen von Bedeutung ist, wie für ein späteres Vermehren (→ Seite 21).

Höhe. Diese Angabe ist wichtig, um den Platzbedarf der Pflanze zu ermitteln.

Erkennungszeichen. Hier finden Sie die charakteristischen Merkmale, die diese Gattung von anderen unterscheidet.

Standort. Ein ganz wesentlicher Hinweis fürs Einpflanzen, denn manche Bambusse wollen es sonnig, andere hingegen lieber schattig.

Verwendung. Sagt Ihnen, ob der Bambus für Einzelstellung, als Wäldchen oder Hecke geeignet ist, ob Sie ihn in Kübel pflanzen sollten und ob er draußen (im Garten) oder drinnen (im Zimmer oder Wintergarten) besser gedeiht.

Frosthärte. Sie ist von Art und Standort abhängig. Und auch das Klima spielt eine nicht zu unterschätzende Rolle. In der Nähe des Meeres vertragen manche Bambusse ein paar Minusgrade mehr als bei uns.

Empfehlenswerte Arten und Sorten. Als Vorschläge werden besonders schöne und leicht zu pflegende Arten und Sorten aus dem handelsüblichen Sortiment genannt zusammen mit den wichtigsten Angaben über ihr spezielles Aussehen und typische Eigenheiten.

Mein Tip. Ergänzt die Angaben durch individuelle Empfehlungen und Erfahrungen des Autors.

Der Bambus, mit dem Sie nichts falschmachen können

Welches ist nun der ideale Bambus für den Garten? Ich sage, es ist die *Phyllostachys aureosulcata* 'Spectabilis'. Mit welcher Begründung? Diese Sorte erfüllt in vorzüglicher Form die Ansprüche, die wir an einen Bambus stellen. Zum einen hat sie bewiesen, daß ihr auch ein äußerst rauher Winter nichts anhaben kann und zum anderen überrascht sie uns mit bezaubernder Schönheit. Ihre Halme sind gelb und haben jeweils in der Rinne oberhalb des Knotens einen grünen Streifen. Eine Farbkombination, die man sonst nur von weniger winterfesten Sorten kennt.

Winterhart und schön. Was will der Bambusfreund mehr? Darum bin ich überzeugt, daß die *Phyllostachys aureosulcata* 'Spectabilis', wenn sie in entsprechender Zahl verfügbar ist, in den kommenden Jahren die Bambus-Hitliste anführen wird. Als »heißer Tip« ist sie auch auf der Umschlagvorderseite abgebildet.

Arundinaria atropurpurea liebt Sonne und Halbschatten.

Bambusa vulgaris 'Striata' – Exotik fürs Zimmer.

Arundinaria

Diese Gattung mit zahllosen Arten liefert jene Bambusstäbe, die wir zum Stäben und als Halterung für Pflanzen ständig benutzen. Sie zeichnet sich durch besonders schön gefärbte Halmscheiden aus. Die Blätter sind lang und breit oder schmal und kurz, die Halme rund.
Heimat: Afrika, Amerika, Asien.
Wuchs: Ausläufertreibend.
Höhe: 1,5 bis 8 m.
Erkennungszeichen: 3 bis 6 Zweige pro Knoten.
Standort: Halbschatten, unbesonnte, aber helle Plätze.
Verwendung: Hecke, Schattenstrauch, Kübelpflanze.
Frosthärte: Einige wenige Arten – 18 bis – 23 °C.
Empfehlenswerte Arten:
Arundinaria atropurpurea (Sasaella atropurpurea): Halme rötlichbraun, fingerdick, fest. 60 bis 80 cm, Laub dunkelgrün.
Arundinaria gigantea ssp. tecta: Halme maigrün. 2 m, Laub hellgrün, behaart. Stark wuchernd, verträgt Sonne.

Bambusa

Dieser tropische Bambus zählt zu den ersten Bambusgattungen, die in Europa populär wurden. Im 19. Jahrhundert wurde *Bambusa vulgaris* bereits in Gewächshäusern gehalten. Zur Zeit werden abgesägte dicke Halme der Sorte 'Striata' bewurzelt und mit Austrieb in Töpfen als Zimmerpflanzen angeboten. Die Ursprungspflanzen stammen aus Ceylon, Thailand oder von den Philippinen.
Heimat: Tropen.
Wuchs: Horstig.
Höhe: Im Topf nicht höher als 1,2 m.
Erkennungszeichen: Gelber Halm mit grünen Streifen, etwa 6 bis 8 cm Durchmesser.
Standort: Sehr hell.
Verwendung: Zimmer, Gewächshaus, Wintergarten. Kübelpflanze.
Frosthärte: Nicht winterhart. Immer über 5 °C halten.
Mein Tip: Während der Wachstumszeit im Sommer regelmäßig alle 3 Wochen düngen. Der Austrieb erfolgt nicht im Frühjahr, sondern im Spätsommer. Jährlich umtopfen. Gedeiht auch in Hydro. Nach den Eisheiligen ins Freie stellen. Im Haus auf Spinnmilben und Rote Spinne achten.

Bambusa glaucescens 'Alphonse Karr'.

Bambusa glaucescens 'Wang Tsai'.

Bambusa

Diese beiden Sorten von *Bambusa glaucescens* werden nicht als bewurzelte Stammstücke (wie *Bambusa vulgaris* 'Striata', → Seite 31), sondern als ganze, gewachsene Pflanzen verkauft. Sie zählen zu einer weit über 100 tropische Arten umfassenden Gattung, die sich für die Begrünung von Innenräumen eignet. Ihre Halme sind vorwiegend grün.
Bambusa glaucescens ist in anderen Ländern auch unter der Bezeichnung *Bambusa multiplex*, *Bambusa nana* oder *Bambusa argentea* anzutreffen. Zur Gattung gehören übrigens noch so interessante Arten wie *Bambusa tuldoides*, der »punting pole bamboo« (Stangen-Bambus), *Bambusa dissimulator*, die gefüllte Halme besitzt und für schwere Konstruktionen benutzt wird oder *Bambusa textilis*, die mit 17 m eine ungewöhnliche Höhe erreicht.
Heimat: Tropisches Asien.
Wuchs: Horstig.
Höhe: 80 cm bis 8 m, im Kübel maximal 3 m.
Erkennungszeichen: Mehrere lange Zweige pro Knoten.
Standort: Sehr hell bis sonnig.
Verwendung: Nur für Innenräume, in Wintergärten, Gewächshäusern, als Kübelpflanze.
Frosthärte: Bei uns nicht winterhart. In mediterranen Regionen kurzfristig bis – 8 °C.
Empfehlenswerte Sorten:
Bambusa glaucescens 'Alphonse Karr': Halme und Zweige daumendick, gelb oder rötlich mit grünen Streifen, Laub frischgrün. 1 bis 4 m hoch.
Bambusa glaucescens 'Wang Tsai' und *Bambusa glaucescens* 'Golden Goddess' sehen ähnlich aus.
Bambusa glaucescens 'Fernleaf' besitzt Laub, das, wie der Name schon sagt, farnähnlich ist. Eine besonders aparte Pflanze.
Bambusa tuldoides 'Ventricosa' wird auch »Buddhas Bauch« genannt. Halme grün, Laub mit bis zu 13 Blättern pro Zweig. Berühmt durch die angeschwollenen Knoten.
Mein Tip: Stellen Sie alle Sorten von *Bambusa glaucescens* zur Sommerfrische ins Freie. Sie können sie sogar ohne Topf in den Boden setzen. Draußen erholen sie sich gut und können neue Kraft für den Aufenthalt im Haus sammeln.

Chimonobambusa marmorea.

Wächst leicht überhängend: Chusquea coronalis.

Chimonobambusa

Von dieser Gattung gibt es zahlreiche Arten, die in Japan, China und im Himalaya beheimatet sind. Spektakulärster Vertreter: *Chimonobambusa quadrangularis (Tetragonocalamus quadrangularis)* mit seinen quadratischen Halmen. Als Zierpflanze für den Bambusfreund ist aber nur *Chimonobambusa marmorea* wichtig, eine kleinblättrige Art von dichtem Wuchs.
Dieser Bambus beginnt im Herbst zu wachsen und bildet im Winter seine dünnen, glänzend rotbraunen Halme aus. Die Halmscheiden sind auffallend hell. Die Blätter erscheinen erst im darauffolgenden Frühjahr.
Heimat: Japan, China.
Wuchs: Schwach ausläufertreibend.
Höhe: 1 bis 2 m.
Erkennungszeichen: Markante Halmknoten mit 3 bis 5 Zweigen.
Standort: Sonnig bis halbschattig.
Verwendung: Zur Pflanzung in der Nähe von Wasserflächen, als schmale Hecke oder im Kübel in Innenhöfen geeignet.
Frosthärte: Bis − 18 °C.

Chusquea

Bambusgattung, die nicht im Fernen Osten beheimatet ist, sondern in Mittel- und Südamerika bis hinunter nach Südchile. Dort wachsen *Chusquea*-Arten von der Meeresküste bis hinauf ins Andengebirge. Das Laub ist klein, schmal und wirkt sehr elegant.
Heimat: Von Mexiko bis Argentinien und Chile.
Wuchs: Horstig.
Höhe: 2 bis 6 m (in Südengland), im Topf bis 2 m.
Erkennungszeichen: Halm ist ausgefüllt (nicht hohl), mit mehr als einem Zweig pro Knoten. Zweige stehen rund um den Halm.
Standort: *Chusquea coronalis* schattig, *Chusquea culeou* auch sonnig.
Verwendung: Seltene, kostbare Kübelpflanze für den Wintergarten.
Frosthärte: Bei uns nicht winterhart. In maritimem Klima bis − 7 °C.
Empfehlenswerte Arten:
Chusquea coronalis: Halme grün, dünn, Laub fein, zierlich, bis zu 50 Zweige rund um den Halm. Etwa 2 m hoch.
Chusquea culeou: Halme dunkelgrün mit langhaftender Halmscheide. Laub blaugrün, zierlich. Bis 6 m.

Fargesia murielae trifft man am häufigsten bei uns.

Elegante Erscheinung – Fargesia nitida 'Nymphenburg'.

Fargesia (Sinarundinaria) Gartenbambus

Die wichtigsten Arten sind *Fargesia murielae* (*Sinarundinaria murielae*), der klassische Gartenbambus, und *Fargesia nitida* (*Sinarundinaria nitida*), von der es die Sorten 'Nymphenburg', 'Eisenach' und 'Weihenstephan' gibt.
Fargesia murielae hat in Dänemark 1973/74 geblüht. Von der gewonnenen Saat wurden in jahrelanger Arbeit einige gute Klone (erbidentische Exemplare) ausgelesen, die allmählich in den Handel kommen. Bestände von *Fargesia*-Arten werden mit der Zeit immer dichter, da sie sich stark verzweigen. Ihr charakteristischer überhängender Wuchs wirkt besonders elegant.
Heimat: China, Himalaya.
Wuchs: Streng horstig.
Höhe: 2 bis 3 m.
Erkennungszeichen: Viele dünne Zweige, die aus einem Knoten wachsen.
Standort: Hell bis halbschattig, *Fargesia murielae* auch sonnig.
Verwendung: Solitär, Hecke, große Kübel.
Frosthärte: Winterhart bis –25 °C.
Empfehlenswerte Arten:
Fargesia murielae: Halme fingerdick, grün, häufig bemehlt. 3 m hoch. Laub erbsengrün, im Winter verfärbt sich ein Teil der Blätter gelb. Wer in einem sehr winterkalten Gebiet wohnt und auf Nummer Sicher gehen möchte, ist mit *Fargesia murielae* gut beraten. Im Gegensatz zu der weitaus attraktiveren *Phyllostachys* treibt sie auch nach einem extrem kalten Winter wieder munter aus. *Fargesia murielae* ist nicht anspruchsvoll, was die Bodenbeschaffenheit angeht, aber sie verträgt überhaupt keine Staunässe. In diesem Fall empfiehlt es sich, sie höher als normal zu pflanzen, indem man das Erdreich etwas »anhügelt«.
Fargesia nitida: Halme dunkelgrün, weiß bepudert, Halmspitzen rötlichbraun. Kaum höher als 3 m. Laub feiner, zierlicher, dunkelgrün.
Mein Tip: *Fargesia*-(*Sinarundinaria*-)Arten müssen wie alle Immergrüne auch im Winter gegossen werden. Eingerollte Blätter sind ein Zeichen dafür, daß sie Wasser brauchen. Bei Trockenheit reduziert die Pflanze ihre Oberfläche durch Einrollen ihrer Blättchen. Gleich nach dem Wässern entfalten sie sich wieder. Auch starker Frost kann den Bambus zum Einrollen veranlassen.

Hibanobambusa tranquillans 'Shiroshima' – eine Rarität. Die Otatea fühlt sich nur im Wintergarten wohl.

x Hibanobambusa

Botanisch exakt schreibt man diese Gattung *x Hibanobambusa tranquillans*. Das x weist darauf hin, daß es sich hier um eine Kreuzung von zwei verschiedenen Gattungen handelt, möglicherweise von *Sasa* und *Phyllostachys*. Die Art wird 2 bis 3 m hoch und besitzt grüne, 20 bis 25 cm lange und 4 cm breite Blätter, die Sorte 'Shiroshima' ist gestreift.
Heimat: Japan. Vom Fuji Bamboo Garden über Prafrance nach Europa gekommen.
Wuchs: Stark ausläufertreibend.
Höhe: 1,5 bis 1,8 m.
Erkennungszeichen: Sehr lange Wimpern an den Blattscheiden.
Standort: Hell.
Verwendung: Als Kübelpflanze, Hecke, Bodendecker.
Frosthärte: Winterhart bis – 15 °C.
Empfehlenswerte Sorte: *x Hibanobambusa tranquillans* 'Shiroshima': Halme dünn, manchmal gestreift. 1,5 bis 1,8 m. Laub grün mit weißen oder cremefarbenen Streifen.

Otatea
Schleierbambus

In Flußtälern und auf nicht zu trockenen Berghängen ist die Gattung *Otatea* zuhause. Die Amerikaner nennen diesen Bambus, der viele Vorgärten in Südkalifornien ziert, »Mexican weeping bamboo« (Mexikanischer Trauerbambus). Er besitzt eine sehr feine, hellgrüne Belaubung, die bei größeren Exemplaren leicht überhängt. Die Halme sind hellgrün, die Zweige dünn und weich. Die bekannteste Art ist *Otatea acuminata* beziehungsweise deren Unterart *ssp. aztecorum*.
Heimat: Mexiko.
Wuchs: Horstig.
Höhe: Bis zu 8 m am Naturstandort. Bei uns im Kübel kleiner bleibend, bestenfalls 3 m hoch.
Erkennungszeichen: Die frischen Halme weisen braune Härchen auf.
Standort: Sehr hell und warm.
Verwendung: Als Kübelpflanze im Wintergarten oder in sehr hellen Räumen.
Frosthärte: Nicht winterhart. Immer über 5 °C halten.

Eine grazile Schönheit in einem streng formalen Innenhof – Phyllostachys aurea.

Phyllostachys

Bekannte und beliebte Bambusgattung, von der es etwa 60 Arten und inzwischen auch zahlreiche Formen oder Sorten gibt. Besondere Aufmerksamkeit verdient der Halm, der bei vielen Arten nicht nur apart gefärbt, gestreift oder gefleckt ist, sondern auch eine Längsrinne *(Sulcus)* besitzt. Bei einigen Arten gibt es geschwollene oder schräg angesetzte Knoten. Bei *Phyllostachys* fallen die Halmscheiden bald ab. In der Regel entspringen jedem Halmknoten zwei Zweige. Die Blätter sind lichtgrün, bei einigen wenigen Sorten gestreift. *Phyllostachys*-Arten gelten als außerordentlich vital und regenerationsfähig und erholen sich auch nach Winterschäden sehr gut.
Heimat: Burma, China, östliches Indien, Japan.
Wuchs: Ausläufertreibend.
Höhe: Von Art, Sorte und Standort abhängig. Zwischen 2 und 10 m.
Erkennungszeichen: Variieren je nach Art und Sorte.
Standort: Ganzjährig hell, im Sommer sonnig, im Winter für Sonnen- und Windschutz sorgen.
Verwendung: Hecke, Hain, Kübelpflanze, Solitär.
Frosthärte: – 18 bis – 23 °C.

Empfehlenswerte Arten und Sorten:
Phyllostachys aurea: Halme grün, dicht stehend, verfärben sich bei starker Sonneneinwirkung gelb. 2,5 bis 4 m. Erkennungszeichen: Verdickte Halmknoten. Laub maigrün.
Phyllostachys aurea 'Holochrysa' mit gelborange getönten Halmen.
Phyllostachys aureosulcata: Halme grün mit gelber Rinne. 3 bis 5 m. Laub maigrün, klein, luftig stehend.
Phyllostachys aureosulcata 'Spectabilis': Besonders attraktive Sorte mit fahlgelbem Halm und grüner Rinne (→ Foto, Umschlagvorderseite).
Phyllostachys bambusoides: Halm glänzend dunkelgrün, Halmscheiden grün mit braunen Tupfen. 5 bis 10 m. Laub groß, variabel. Besonders attraktiv: Die Sorte 'Violascens' mit purpurfarbenen Halmen.
Phyllostachys bissetii: Halm grün, leicht überhängend. 3 m. Laub grün. Stark ausläufertreibend.
Phyllostachys flexuosa: Halm grün, später gelbschwarz gefleckt. 2 bis 5 m. Laub grün.
Phyllostachys humilis: Halm bräunlich-grün. 2 bis 3 m. Halmscheide grün-rosa geädert, silbrig behaart, Laub frischgrün.
Phyllostachys nidularia: Halm grün mit hervortre-

tenden Knotenringen. 3 bis 4 m. Laub groß, maigrün.
Phyllostachys nigra: Halm im Austrieb grün, später braun getupft, danach braun bis glänzend schwarz, überhängend. 2 bis 4 m. Blatt grün, klein und zierlich. Treibt wenig Ausläufer, daher wunderschön für Einzelstand und Kübel. Sorten: 'Boryana' und 'Henonis'.
Phyllostachys pubescens (Phyllostachys edulis): Halme graugrün, samtig behaart. Wird in Südfrankreich 20 m hoch. Bei uns nicht winterhart. Laub klein, im Jugendstadium groß. Liefert köstliche Sprossen, daher auch das Synonym *Phyllostachys edulis*, eßbarer *Phyllostachys*.
Phyllostachys viridiglaucescens: Halm hellgrün, leicht überhängend. 6 bis 10 m. Laub grün, blattunterseits behaart.
Mein Tip: In unserem kontinentalen Klima ist vorbeugender Winterschutz bei allen *Phyllostachys*-Arten und -Sorten zu empfehlen. Stellen Sie einfach einen 30 cm hohen Hühnerdraht kreisförmig um die Pflanze und stecken Sie diesen feinmaschigen Ring mit 4 Bambusstäben fest. Der Durchmesser sollte den größten Teil des Wurzelnetzes bedecken. Den so entstandenen »Korb« füllen Sie mit Laub oder Stroh. An sonnigen, niederschlagsfreien Wintertagen Wässern nicht vergessen.

Phyllostachys bambusoides fällt durch ihre großen Blätter auf.

Öhrchen mit langen Wimpern besitzt *Phyllostachys pubescens.*

Ideale Unterpflanzung – Pleioblastus variegatus.

Pleioblastus pumilus – auch als Sasa pumila bekannt.

Pleioblastus

Gattung mit etwa 20 Arten, die sich sehr unterschiedlich präsentieren. Alle bilden jedoch an ihren Halmen im Lauf der Jahre mehrere Zweige pro Knoten und treiben an feuchten und nahrhaften Standorten rasch lange Ausläufer. Die Halmscheiden sind ledrig und fallen nicht ab. Von den unterschiedlich breiten und langen Blättern gibt es auch weiß- und gelbgestreifte Varianten. Die bekannteste ist *Pleioblastus fortunei* 'Variegatus', die 1863 in Belgien als schönste weißgestreifte Varietät eingeführt wurde. Der bekannte amerikanische Bambuskenner David Farrelly bezeichnet sie als ausgezeichnete Pflanze für Steingärten und als attraktive Kübelpflanze.

Heimat: China, Japan.
Wuchs: Ausläufertreibend.
Höhe: Von 40 cm bis 4 m.
Erkennungszeichen: Variieren je nach Art oder Sorte.
Standort: Sonne bis Schatten je nach Art oder Sorte.
Verwendung: Unterpflanzung, Hecke, Bodendekker, Topf, Kübel.
Frosthärte: Bis – 23 °C.
Empfehlenswerte Arten und Sorten:

Pleioblastus argenteostriatus: Halm grün. Bis 60 cm. Laub blaugrün, 15 cm lang, 2 cm breit, weißgestreift.

Pleioblastus auricoma: Halm grün. 60 cm. Blatt breit, beidseitig samtig, gelb-grün gestreift. Die hellen Streifen vergrünen im Sommer.

Pleioblastus chino: Halm grün bis rötlich-grün. 2 m. Laub grün.
Wichtig: Die Varietät *Pleioblastus chino var. viridis* und ihre Form *f. humilis* werden oft als *Pleioblastus pygmaeus* (→ *Sasa pygmaea*, Seite 41) angeboten. Sie wächst aber viel höher, bis 60 cm. Nur 30 cm hoch wird die Sorte *Pleioblastus chino var. gracilis* 'Variegatus', die sehr gut vor Koniferen wirkt.

Pleioblastus variegatus (Pleioblastus fortunei): Halm grün. 20 bis 30 cm. Laub breit, grün-weiß gestreift.

Pleioblastus pumilus (Sasa pumila): Halm grün mit Haarkranz an den Knoten. 60 cm. Laub grün.

Pleioblastus simonii: Halm grün, nicht überhängend. 1,5 bis 3 m. Laub frischgrün, 25 cm lang, 2,5 cm breit. Bildet nur schwach Ausläufer. Sehr hübsch als Strauch.

Mein Tip: Im zeitigen Frühjahr (März) dicht über dem Boden mit der Heckenschere abschneiden. Der Neutrieb ist besonders schön und farbintensiv.

Gedeiht auch im Schatten gut – Pseudosasa japonica.

Weißgestreift – Sasaella masamuneana.

Pseudosasa

Buschig wachsende Bambusgattung mit etwa 10 bekannten Arten. Die Blätter sind sattgrün und dicht, die Zweige wechselständig. Aus einer Knospe entwickeln sich nie mehr als drei Zweige. Die strohfarbenen Halmscheiden bleiben monatelang am Halm. Bei uns ist nur eine Art geläufig (→ oben).
Heimat: Asien.
Wuchs: Schwach ausläufertreibend.
Höhe: 2 bis 3 m.
Erkennungszeichen: Haftende Halmscheiden.
Standort: Halbschattig bis schattig.
Verwendung: Hecke, Solitär, Kübel.

Frosthärte: Bis – 22 °C.
Empfehlenswerte Art:
Pseudosasa japonica (Arundinaria japonica): Halm grün. Bis 3 m. Laub 30 cm lang und 3 cm breit, grün und ledrig glänzend. Die Japaner nennen diesen Bambus »Metake«. Seine Halme werden wegen ihres kerzengeraden Wuchses zur Herstellung von Pfeilen verwendet. 1850 gelangte diese Bambusart nach Europa und wurde zunächst in Frankreich kultiviert. *Pseudosasa* hat in den vergangenen Jahren geblüht. Das Blühen erstreckte sich über einen längeren Zeitraum und führte meist zum Absterben der Pflanze.

Sasaella

Dieser Bambus stammt aus Asien, wo es etwa 12 Arten gibt. Die Gattung hat starke Ähnlichkeit mit *Sasa*. Die Zweige stehen einzeln, manchmal entdeckt man auch mehrere pro Knoten. Wuchert noch rascher als *Sasa* und bildet manchmal Rhizome, die aus der Erde herauswachsen.
Heimat: Japan.
Wuchs: Ausläufertreibend.
Höhe: Bis 60 cm.
Erkennungszeichen: Rötliche Halme.
Standort: Hell, sonnig bis halbschattig.
Verwendung: Bodendecker, niedrige Hecke.

Frosthärte: Bis – 20 °C. Dennoch etwas abdecken.
Empfehlenswerte Sorte:
Sasaella masamuneana 'Albostriata' (Sasaella glabra): Halme zuerst grün, dann rot. 60 cm. Laub glänzend gelblichgrün mit weißen Rändern.
Mein Tip: *Sasaella* im zeitigen Frühjahr auf wenige Handbreit über dem Boden zurückschneiden. Der Neuaustrieb ist dann farblich besonders intensiv.

Elegant und dekorativ wie eine Palme ist Sasa palmata.

Sasa
Zwergbambus, Waldbambus

Hier unterscheiden wir eine große Anzahl von Unterarten. Nach Angaben des bekannten »Fudji Bamboo Garden« sind es über 400. In Japan trifft man *Sasa* in den Wäldern bis hoch in den Norden an, außerdem auf den benachbarten Kurileninseln. Der botanische Name kommt aus dem Japanischen. »Sa« bedeutet soviel wie »dünn«, »Sasa« soviel wie »superdünn«, womit man sich auf die bleistiftdünnen Halme bezieht.

Alle bekannten *Sasa*-Arten bleiben relativ klein. Aus den verdickten Knoten entwickelt sich nur ein Zweig. In dieser Gattung befindet sich auch der winzigste aller Bambusse, *Sasa pygmaea (Pleioblastus pygmaeus)*, der in Japan weite Flächen des Waldbodens von Honshu, Kyushu und Shikaku mit einem dichten frischgrünen Teppich überzieht. Außerdem gibt es eine Art mit Blättern, die in der Sonne farnähnlich wirken und am schattigen Standort die Blattspreite mehr öffnen. Dieser Bambus, *Sasa disticha (Pleioblastus distichus)*, wird darum auch Farnbambus genannt. »Disticha« weist darauf hin, daß die Blätter zweiteilig angeordnet sind.

Charakteristisch für alle *Sasa*-Arten ist ihre Lebendigkeit unter der Erde. Ihre Rhizome bilden regelrech-

Sasa veitchii wächst wild in den Wäldern um Kyoto.

Farnähnlich – die steifen Blätter von Sasa disticha.

te Geflechte, die angeblich sogar Erdbeben standhalten. In Japan helfen sie in vorzüglicher Weise, den Boden gegen Erosion zu schützen. Die frischen Sprossen sind eßbar. 1978 wurden 600 Tonnen davon gegessen. In der Präfektur Hokkaido spielt die Ernte von *Sasa kurilensis* zum Beispiel eine wichtige Rolle. Hier repräsentiert *Sasa* ein Sechstel des gesamten Waldbestandes.
Heimat: Japan, China.
Wuchs: Stark ausläufertreibend.
Höhe: 10 cm bis 2 m.
Erkennungszeichen: Bleibende Halmscheiden, dicke Knoten.
Standort: Sonne bis Schatten, je nach Art.

Verwendung: Bodendekker, Hangbefestigung, Hecke, Solitär.
Frosthärte: Bis – 20 °C, in Meeresnähe bis – 30 °C.
Empfehlenswerte Arten:
Sasa disticha (Pleioblastus distichus), Farnbambus: Halme grün. 20 cm. Laub dunkelgrün, steif, farnähnlich. Ein vorzüglicher Bambus für Umrahmungen und niedrige Hecken.
Sasa kurilensis: Halme grün, weiß überpudert. 2 m. Laub grün, glänzend.
Sasa palmata: Halme grün, weiß gepudert, bei *Sasa palmata f. nebulosa* braun getupft. 2 m. Ockerfarbene Halmscheidenblätter. Laub auffallend groß, kräftig grün, glänzend. Einzelblätter 20 bis 25 cm lang und 5 bis 7 cm breit. Markante, längs verlaufende Blattnerven, die im Gegenlicht auffallen.
Mein Tip: Sasa palmata verträgt auch einen nassen Standort und eignet sich daher sehr gut zur Pflanzung an Teichen.

Sasa pygmaea (Pleioblastus pygmaeus): Halme grün. 10 cm. Laub grün, winzig. Kann als Rasenersatz gepflanzt werden.
Sasa tesselata: Halme grün. 1 m. Laub sattgrün, groß und breit, Blätter 35 bis 45 cm lang und 7 bis 9 cm breit. Besonders winterhart. Besitzt wahrscheinlich die größten Blätter aller Bambusarten.

Sasa tsuboiana: Halme grün. Bis 1 m. Laub grün, ähnlich groß wie bei *Sasa tesselata.*
Sasa veitchii: Halme grün. Bis 40 cm. Laub im Austrieb gerollt und bläulichgrün. Dicht geschlossener Wuchs. Besonders schön in den Wintermonaten, wenn das Chlorophyll an den Blatträndern verschwindet und diese weiß werden.
Mein Tip: Ein Rückschnitt zu Beginn der Vegetation im Frühjahr fördert Neutrieb und Wachstum.

Semiarundinaria fastuosa wächst straff aufrecht.

Aus der Reihe tanzt Shibataea kumasaca.

Semiarundinaria
Säulenbambus

Ein dichter Wuchs und relativ große Blätter sind das charakteristische Merkmal dieser Gattung, die etwa 10 Arten umfaßt. Bei uns hat sich bislang nur *Semiarundinaria fastuosa* durchsetzen können. Die starkwüchsige Art ist vor 100 Jahren aus China und Japan zu uns gekommen, fällt durch straff aufrechten Wuchs und dichte Belaubung auf. An einem Knoten zählt man meist 3 bis 5 Zweige. Die Halme sind anfangs grün, 3 bis 4 cm dick und verfärben sich braunrot, wenn sie älter werden. Es gibt Wissenschaftler, die behaupten, daß *Semiarundinaria* eine Kreuzung zwischen *Pleioblastus* und *Phyllostachys* sei.
Heimat: Ostasien.
Wuchs: Schwach ausläufertreibend.
Höhe: 3 bis 5 m.
Erkennungszeichen: Leuchtend ockerfarbene Halmscheiden, die sehr lange trocken am Knoten hängenbleiben.
Standort: Hell, warm, geschützt.
Verwendung: Hohe Hecke, ideal für Innenhöfe.
Frosthärte: – 15 bis – 18 °C.

Shibataea
Ruscus-Bambus

Seine Blätter erinnern an den Mäusedorn (*Ruscus aculeatus*), ein Liliengewächs aus den Mittelmeerländern. Sie sind olivgrün, kurz und breit. Bekannt sind etwa 5 Arten. Verbreitet ist aber nur *Shibataea kumasaca*. Die Halme dieser Art sind grün, die kurzen Zweige sehen aus, als ständen die Blätter quirlig, der Wuchs ist dicht und vieltriebig. Benannt wurde diese Art nach dem weltberühmten japanischen Botaniker Shibata. Die Halme zeigen mitunter einen lustigen Zick-Zack-Wuchs und kommen vieltriebig aus dem Rhizom hervor, was bei Bambus selten und für diese Gattung charakteristisch ist.
Heimat: China, Japan.
Wuchs: Etwas ausläufertreibend.
Höhe: 50 cm.
Erkennungszeichen: Die für Bambus ungewöhnlichen »Ruscusblätter«.
Standort: Hell, keine Sonne. Verträgt Schatten.
Verwendung: Schattenpflanze, Bodendecker, Topf- oder Kübelpflanze.
Frosthärte: Bis – 23 °C.
Mein Tip: Im Frühjahr zurückschneiden und stets vor Trockenheit schützen.

Thamnocalamus

Die Gattung hat starke Ähnlichkeit mit *Fargesia* und *Arundinaria*. Einige ihrer Vertreter kommen in Indien und Nepal in Nadelholzwäldern als Unterwuchs vor. Die meisten Arten gedeihen sogar noch in Höhen zwischen 2500 und 3500 m. In Europa finden wir *Thamnocalamus spathiflorus* im milden Klima Südenglands. Bei uns hat sich *Thamnocalamus* noch nicht so richtig durchgesetzt und ist daher selten zu bekommen.

Heimat: China, Indien, Nepal, Südafrika.
Wuchs: Horstig.
Höhe: 2 bis 8 m, je nach Art.
Erkennungszeichen: Variieren von Art zu Art.
Standort: Hell, sonnig, halbschattig, je nach Art.
Verwendung: Kübelpflanze, Wintergarten.
Frosthärte: Bis − 20 °C.
Empfehlenswerte Arten:
<u>Thamnocalamus microphyllus:</u> Halme bläulichgrün im Austrieb, später goldbraun. 3 m. Laub grün.
<u>Thamnocalamus spathiflorus:</u> Halme knallgrün, in der Sonne rot. 4 m. Laub grün, dünn. Nicht winterhart.
<u>Thamnocalamus tesselatus</u> (Arundinaria tesselata): Halme grün, in der Sonne leuchtend rot. 2 bis 4 m. Laub blaugün. Winterhart. Liebt geschützten Standort mit warmfeuchtem Boden.

Thamnocalamus microphyllus darf im Freien übersommern.

ADRESSEN LITERATUR

Bezugsquellen für Bambus-Pflanzen
Bambus ist mittlerweile in vielen Garten-Baumschulen und gut sortierten Garten-Centern erhältlich. Das größte Sortiment finden Sie in folgenden Gartenbaubetrieben:
Bundesrepublik:
Bambus-Centrum
  Wolfgang Eberts,
  Saarstraße 3,
  D-7570 Baden-Baden
Schweiz:
Firma Vatter,
  CH-3098 Köniz bei Bern
Österreich:
Baumschule Starkl,
  A-3430 Tulln/Niederösterreich
Italien:
Centro Bambu Italia,
  Via Casali 26,
  I-1640 Carasco/Genua

Große Pflanzgefäße
LIMAS-Mani + Liechti AG,
  Hohe Straße 22,
  D-4600 Dortmund 1
  – weiße und terrakottafarbene Gefäße für drinnen und draußen, frosthart.
Vetter-Keramik,
  Jahnstraße 12,
  D-5412 Ransbach-Baumbach
  – dekorative Kübel aus Terrakotta (nicht frostfest). Erhältlich über Fachhandel (Gartencenter).

Frostharte chinesische Gefäße
Bonsai-Centrum
  Heidelberg,
  Mannheimer Straße 401,
  D-6900 Heidelberg
Firma Vatter,
  CH-3098 Köniz bei Bern

Rhizomsperre
Arbotec,
  Sinzheimer Straße 58 b,
  D-7570 Baden-Baden

Wichtig: Die Adressenlisten erheben keinen Anspruch auf Vollständigkeit. Eine telefonische oder schriftliche Anfrage bei den Herstellern klärt am besten über Sortimente, Spezialitäten und Verkaufsmodalitäten auf. Legen Sie Ihrem Brief stets einen frankierten Rückumschlag bei.

Geschäftsstellen der Europäischen Bambusgesellschaft e.V. (EBS)
Bundesrepublik: Marianne Rudolf, Heuberger-Tor-Weg 22, D-7400 Tübingen
Frankreich: European Bamboo Society Headquarter, Bambouseraie de Prafrance, F-3104 Anduze/Gard
Großbritannien: Michael Hirsh, 14, East Lane GB Morton Bourne, South Lincolnshire PE 100 NW
Italien: Bruno Visentini, Corso Racconigi 173, I-10141 Torino
Schweiz: Roland Zahno, Chemin de la Redoute, CH-1752 Villars-sur Glâne

Amerikanische Bambusgesellschaft: American Bamboo Society, P.O. Box 640, Springville, Ca. 93265

Bambus-Informationen
Bambusblätter.
  Herausgeber: Werner Simon, Staudenweg, D-8772 Marktheidenfeld
The Bamboos of the World. Schriftenreihe von Dieter Ohrnberger (in leicht verständlichem Englisch). Verlag Ohrnberger, Wiesenstraße 5, D-8901 Langweid

Bambus-Literatur
Austin, R.; Ueda, K.: *Bambus* (englisch). Verlag Weatherhill & Co., New York
Beuchert, M.: *Die Gärten Chinas.* Verlag Eugen Diederichs, München
Crouzet, Y.: *Les Bambous* (französisch). Selbstverlag, Prafrance
Farrelly, D.: *The Book of Bamboo* (englisch). Sierra Club Books, San Francisco
Liese, Dr. W.: *Bamboos – Biology, silvics, properties, utilization* (englisch). TZ-Verlagsgesellschaft, Roßdorf
Recht, Ch.; Wetterwald, M. F.: *Bambus.* Verlag Eugen Ulmer, Stuttgart
Takama, S.: *Die wunderbare Welt des Bambus.* Verlag Du Mont, Köln
Takama, S.: *100 Paths to Beauty* (englisch). Graphic Ska, Tokyo

Bambus-Fachliteratur in deutsch und englisch über Dieter Ohrnberger, Verlag und Versandbuchhandlung, Wiesenstraße 5, D-8901 Langweid. (Fordern Sie den Katalog an.)

Sehenswerte Bambuspflanzungen oder -sammlungen
Kurpark Badenweiler, Botanischer Garten der Ruhr-Universität Bochum, Botanischer Garten der Universität Bonn, Botanischer Garten Darmstadt, Frankfurter Palmengarten, Neuer Botanischer Garten Hamburg-Flottbek, Insel Mainau/Bodensee, Luisenpark Mannheim, Botanischer Garten der Universität Tübingen, Botanischer Garten der Universität Würzburg.

Selber anlegen. Selber züchten. Problemlos mit GU.

Gewußt wie – und es gelingt ganz leicht, solche "grünen Glücksmomente" zu erleben! Sie brauchen nur jemanden, der sagt, worauf es beim Gärtnern ankommt – natürlich: die Experten von GU!

Neue, praktische und durchgehend farbige Ratgeber. Mit Pflanzensteckbriefen, Top-Fotos, erklärenden Zeichnungen und sehr präzisen Texten – von kompetenten Autoren. 48 bis 112 Seiten, 40 bis 140 Farbfotos, 20 bis 30 Zeichnungen. Paperback. 12,80DM/14,80 DM/16,80 DM/19,80 DM.

Weitere Pflanzen-Ratgeber-Themen:
- Bambus für Haus und Garten
- Beerenobst biologisch ziehen
- Begonien für Zimmer, Balkon und Garten
- Begrünen von Haus und Balkon
- Fuchsien
- Küchenkräuter biologisch ziehen
- Der Naturteich im Garten
- Pflanzen für den Gartenteich

Mehr draus machen. Mit GU.

REGISTER

Die **halbfett** gesetzten Seitenzahlen verweisen auf Farbfotos und Farbzeichnungen.
U = Umschlagseite.

Arundinaria **7,** 31
– *atropurpurea* 31, **31**
– *gigantea* 4
– *gigantea ssp. tecta* 31
– *japonica* 39
Auslichten 23
Aussaat, Vermehrung durch 23

Balkon, Bambus auf dem 27, 28, 29
Bambus
– als Bonsai 27
– auf dem Balkon 27, 28, 29
– auf dem Dachgarten 27
– auf der Terrasse 27
–, ausläuferbildender 6, **6**
-bäume 27
– fürs Zimmer 27
-gras 26
-halm 6, 7, **7**
–, horstig wachsender 6, **6**
– im Garten 24
– im Haus 26
– im Kübel **15,** 27
– im Wintergarten 26, 27
– in Gefäßen 22
– in Hydrokultur 27
–, Mexikanischer Trauer- 35
-rohr 6
–, Ruscus- 42
–, Säulen- 42
–, Schildkröten- **11**
–, Schleier- 35
-sprossen 14
–, Stangen- 32
–, Wald- 40
-Wasserspiel **17**

–, Zwerg- 40
Bambusa 23, 31, 32
– *argentea* 32
– *dissimulator* 32
– *glaucescens* 6, 27, 32
– *glaucescens* 'Alphonse Karr' 27, 32, **32**
– *glaucescens* 'Fernleaf' 32
– *glaucescens* 'Golden Goddess' 27, 32
– *glaucescens* 'Wang Tsai' 27, 32, **32**
– *multiplex* 32
– *nana* 32
– *textilis* 32
– *tuldoides* 32
– *tuldoides* 'Ventricosa' 32
– *ventricosa* 10, **10,** 27
– *vulgaris* 14
– *vulgaris* 'Striata' 6, 26, 27, 31, **31**
– *vulgaris* 'Wamin' 10, **10,** 27
Bambusoidea 4
Blätter 7, **7,** 8, 9, **9**
Blattläuse 23
Blattspreite 7
Blattstiel **7**
Blüte 7, **7,** 8
-zeit 8
Boden 18
– verbessern 18
Bonsai, Bambus als 27

Chimonobambusa 10, 33
– *marmorea* 27, 33, **33**
– *marmorea* 'Variegata' 27
– *quadrangularis* 27, 33
Chlorophyll 9
Chusquea 33
-Arten 6, 8
– *coronalis* 27, 33, **33**
– *culeou* 4, 33
– *quila* 9
– *ramosissima* 27

Dachgarten, Bambus auf dem 27
Dränage 18, 22
-schicht 22

Drepanostachyum hookerianum 27
Düngen 19, 23

EBS 15
Einpflanzen 20, **20**
Einzelstellung 24
Erholungsschnitt 23
Europäische Bambusgesellschaft 15

Fargesia **7,** 8, 16, 34
– *murielae* 6, 27, 34, **34, U3**
– *nitida* 6, 27, 34
– *nitida* 'Eisenach' 34
– *nitida* 'Nymphenburg' 34, **34**
– *nitida* 'Weihenstephan' 34
Farnbambus 40, 41
Frosthärte 16
Fruchtknoten 7

Garten, Bambus im 24
Gartenbambus 34
Gefäße 22, 27
Gelbtafeln 23
Geschichte 12
Gestalten 24
Gießen 19, 27
Gramineae 4
Gruppenpflanzung 24
Guadua 23

Halm 6, 7, **7,** 8
-abschnitte, Vermehrung durch 23
-schäden 23
-scheide **7**
-scheide, helle **11**
-spreite **7**
–, zweifarbiger **10**
Halme **3, 7,** 10
Haus, Bambus im 26
Heilmittel 12
Heimat 4
x *Hibanobambusa* 35
– *tranquillans* 35
– *tranquillans* 'Shiroshima' **9,** 35, **35**
Hochstämmchen 27

Horstteilung, Vermehrung durch 21, **21**
Hydrokultur 27

Insektizide 23
Internodium 6, **7**

Kauf 16
Keimfähigkeit 23
Klima 18
Knoten 6, **7**
Krankheiten 23
Kübel **15,** 22, 27

Laubschäden 23
Leptomorph 6
Luftfeuchtigkeit 18

Melocanna bacifera 8
Meristeme, Vermehrung durch 23
Metake 39
Mexikanischer Trauerbambus 35
Mulch 19, 23

Nährstoffbedarf 19
Name 4
Narbe 7
Nodien 6, **7**
Nutzinsekten 23

Öhrchen **7**
Ökologische und wirtschaftliche Bedeutung 14
Otatea 35, **35**
– *acuminata* 35
– *acuminata ssp. aztecorum* 35
– *aztecorum* 27

Pachymorph 6
Pflanzabstände 24
Pflanzen 20, **20**
Pflanzerde 22
Pflanzloch 20, **20**
Pflanzzeit 18
Pflegen 18, 19
Photosynthese 8, 23
pH-Wert 18
Phyllostachys 6, **7,** 8, 21, 23, 34, 36, 37

46

– *aurea* 10, 27, 36, **36**
– *aurea* 'Albo-
   variegata' 15, **U4**
– *aurea* 'Holochrysa' 36
– *aureosulcata* 24, 27, 36
– *aureosulcata* 'Spectabilis'
   U1, 30, 36
– *bambusoides* 36, **37**
– *bambusoides* 'Castilloni'
   10, **11**
– *bambusoides* 'Violascens'
   27, 36
– *bissetii* 24, 27, 36
– *edulis* 14, 37
– *flexuosa* 24, 36
– *heterocycla f. heterocycla*
   'Kikko' 10
– *heterocycla var.*
   pubescens 30
– *humilis* 24, 27, 36
-Neutrieb 10
– *nidularia* 36
– *nigra* **11**, 27, 37, **U4**
– *nigra* 'Boryana' 10, **11**,
   24, 37
– *nigra* 'Henonis' 24, 37
– *pubescens* **2**, 8, 37, **37**
– *viridiglaucescens* **19**, 27,
   28/29, 37, 47
Pleioblastus 6, 38
– argenteostriatus 38
– auricoma **9**, 38
– chino 38
– chino var. gracilis 27
– distichus **9**, 40, 41
– fortunei 'Variegatus' 38
– pumilus 23, 27, 38, **38**
– pygmaeus 38, 40, 41
– simonii 38
– variegatus **9**, 38, **38**
Pogonatherum paniceum
   26
Pseudosasa 39
Pseudosasa japonica 8,
   27, 39, **39**

Queradern 7
Quinzhuea tumidinoda
   28/29

Rezepte 14
Rhizome 6

Rhizomschäden 23
Rhizomsperre 20, **20**
Rhizomteilung, Ver-
   mehrung durch 21, **21**
Rückschnitt 23
Ruscus-Bambus 42

Samen 7, 23
Sämlinge 8
Sasa 6, **7**, 40, 41
– *disticha* 40, 41, **41**
– *kurilensis* 41
– *masamuneana* 'Albo-
   striata' **9**
– *palmata* **9**, 40, 41
– *palmata f. nebulosa* 41
– *pumila* 38, **38**
– *pygmaea* **9**, 23, 40, 41
– *tesselata* 41
– *tsuboiana* 41
– *veitchii* **U2**, **9**, 23, 41, **41**
Sasaella 39
– atropurpurea 31
– glabra 39
– masamuneana **39**
– masamuneana 'Albo-
   striata' 39
Säulenbambus 42
Säuregehalt des Bodens 18
Schädlinge 23
Schildkröten-Bambus **11**
Schizostachyum **5**
Schleierbambus 35
Schnitt 23
–, Erholungs- 23
–, Rück- 23
Semiarundinaria 6, 8, 42
– fastuosa 42, **42**
Shibataea **42**
– kumasaca 42, **42**
Shishi-Odoshi **17**, 24
Sinarundinaria 16, 34
– murielae 6, 34, **U3**
– nitida 6, 34
Sinobambusa tootsik
   'Variegata' 27
Spinnmilben 23
Sproß 7, **7**
Standort 16, 18
Stangen-Bambus 32
Staubbeutel 7
Staubfaden 7

Staunässe 18
Steckhölzer, Vermehrung
   durch 23
Steingarten 38
Sulcus 6, 36

Taxonomie 8
Temperatur 18
Terrasse, Bambus auf
   der 27
Tetragonocalamus
   quadrangularis 33
Thamnocalamus 43
– *microphyllus* 27, 43, **43**
– *spathiflorus* 43
– *tesselatus* 43
Transport 16, 17
Trauerbambus, Mexika-
   nischer 35

Umpflanzen 22, 23
Ursprung 4

Verbreitung 4

Vermehren 21, 23

Waldbambus 40
Wasser 18, 20, 22
-mangel 19
Wässern 18, 19
Wimpern **7**
Wintergarten **25**
–, Bambus im 26, 27
Winterschäden 23
Winterschutz 18, 23,
   27, 37
Wuchs 8
-eigenschaften 16
-höhe 8
-leistung 16
-tempo 8
Wurzeln 6, 18

Zimmer, Bambus
   fürs 27
Zweig **7**, 8
-knospe **7**
Zwergbambus 40

Wichtige Hinweise

In diesem Buch geht es um die Pflege von Bambus in Haus und Garten. Bambustriebe können »ins Auge gehen«, wenn man sich bückt und nicht achtgibt. Besondere Verletzungsgefahr besteht, wenn die Triebe frisch geschnitten sind.
Gifte sind nach dem heutigen Stand der Wissenschaft bis jetzt in keiner Bambusart gefunden worden. Wohlschmeckend und eßbar sind in unseren Klimaregionen nur die Sprossen von *Phyllostachys viridiglaucescens*, vorausgesetzt, sie konnten lange genug Sonne tanken. Die Triebe vieler anderer Arten enthalten unangenehme Bitterstoffe. Zu Gerichten nur Bambussprossen aus der Dose verwenden. Frisch aus ihren Herkunftsländern importierte nur gekocht essen!
Blätter und Halme auf keinen Fall essen und von Kindern und Haustieren fernhalten. Bei einigen tropischen Arten tragen die Halmscheidenblätter Härchen, die beim Verzehr zu schweren Darmverletzungen führen können.

Bambus und Wasser.
Das paßt gestalterisch wunderbar. Hier Fargesia murielae an einem See im Berliner Tiergarten. Weil Bambus aber keine Sumpfpflanze ist, muß dafür gesorgt werden, daß er mit den Wurzeln nicht im Wasser steht.

Die Fotografen:
Eberts: Seite 2, 10 o. l., o. r., u. l., u. r., 11, 12, 15, 24, 33 l., 36, 37 u., 38 r., 41 r., 42 r., 43, U4; Griehl: Seite 3 u.; mein schöner Garten/Fischer: Seite 16; mein schöner Garten/Gross: Seite 26; mein schöner Garten/Mörk: Seite 10 m. l.; mein schöner Garten/Stork: Seite 17; Reinhard: Seite 5; Stork: U1, U2, Seite 2, 3 o., 9, 13, 19, 25, 28/29, 31, 32, 38 l., 39, 41 l.; Strauß: Seite 40; Welsch: U3; Wetterwald: Seite 4, 22, 33 r., 34, 35, 37 o., 42 l.

CIP-Titelaufnahme der Deutschen Bibliothek

Bambus in Haus und Garten: so gedeiht er am besten; Experten-Rat für Pflanzung, Pflege, Vermehrung, Überwinterung / Wolfgang Eberts. Zeichn.: Ushie Dorner. – 2. Aufl. – München: Gräfe u. Unzer, 1991
  (GU-Pflanzen-Ratgeber)
  ISBN 3-7742-1838-2
NE: Eberts, Wolfgang; Dorner, Ushie

2. Auflage 1991
© 1990 Gräfe und Unzer GmbH, München
Alle Rechte vorbehalten. Nachdruck, auch auszugsweise, sowie Verbreitung durch Film, Funk und Fernsehen, durch fotomechanische Wiedergabe, Tonträger und Datenverarbeitungssysteme jeder Art nur mit schriftlicher Genehmigung des Verlages.

Redaktionsleitung: Hans Scherz
Redaktion: Halina Heitz
Lektorat: Gisela Keil, Brigitta Stuber
Herstellung: Johannes Schmidt-Thomé
Umschlaggestaltung:
Heinz Kraxenberger

Satz: Fotosatz Service München GmbH
Reproduktion: Czech
Druck und Bindung: Kösel

ISBN 3-7742-1838-2